I0049030

Fidéliser et mobiliser

La gestion de carrière dans les petites entreprises

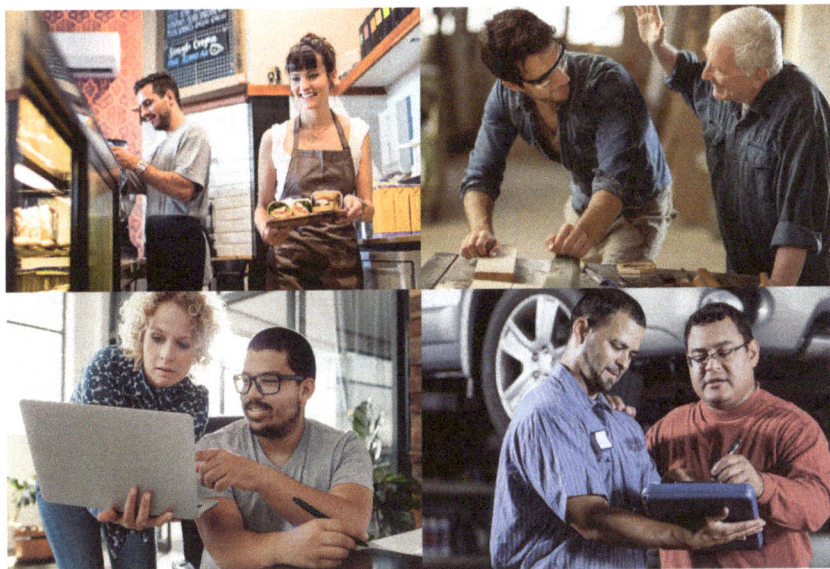

Lisa Taylor, Challenge Factory

ceric

CANADIAN EDUCATION AND
RESEARCH INSTITUTE FOR COUNSELLING

INSTITUT CANADIEN D'ÉDUCATION
ET DE RECHERCHE EN ORIENTATION

ceric
CANADIAN EDUCATION AND RESEARCH INSTITUTE FOR COUNSELLING
INSTITUT CANADIEN D'ÉDUCATION ET DE RECHERCHE EN ORIENTATION

Fidéliser et mobiliser : la gestion de carrière dans les petites entreprises

Droits d'auteur 2017 : Lisa Taylor, Challenge Factory

Aucune partie de cette publication ne peut être reproduite, distribuée ou transmise sous quelque forme ou par quelque moyen que ce soit, y compris la photocopie, l'enregistrement ou toute autre méthode électronique ou mécanique, sans l'autorisation écrite préalable de l'éditeur, sauf dans le cas de citations brèves dans les revues critiques et certaines autres utilisations non commerciales autorisées par la loi sur le droit d'auteur. Des rabais pour les commandes de livres en gros sont disponibles via Ingram Distributors.

Publié par :
L'Institut canadien d'éducation et de recherche en orientation
(CERIC)
2, avenue St. Clair Est, bureau 300
Toronto (Ontario)
M4T 2T5
Canada

Site : www.ceric.ca
Courriel : admin@ceric.ca

ISBN
Livre de poche : 978-1-988066-20-2
Livre numérique : 978-1-988066-21-9

Avant-propos :

Ce guide est publié par le CERIC (l'Institut canadien d'éducation et de recherche en orientation). Le CERIC est un organisme caritatif voué à la progression de l'éducation et de la recherche en matière d'orientation professionnelle et de développement de carrière dans le but d'accroître le bien-être économique et social des Canadiennes et des Canadiens.

Après avoir consulté son conseil d'administration et le sous-comité de marketing, communications et services Web, le CERIC a invité Lisa Taylor, spécialiste de la gestion de carrière, auteure et propriétaire d'une petite entreprise, à mener une étude et à rédiger ce guide pour vous, les propriétaires et les gestionnaires de petites entreprises (entreprises de moins de 500 employés). Fondatrice et présidente de Challenge Factory et du Centre for Career Innovation, Lisa s'est forgé une brillante réputation grâce à ses idées sur l'avenir de l'emploi, tout en gérant une entreprise en pleine croissance. Elle se passionne pour la transformation constante des carrières et pour les répercussions de cette transformation sur l'économie et les gens de tous âges.

Lisa tient à remercier les dirigeants, conseillers, sujets de l'étude et collaborateurs suivants :

Sharon Ferriss, directrice Marketing, Web et nouveaux médias du CERIC, s'est révélée une chargée de projet inspirante, et Norman Valdez, gérant principal du contenu multimédia et des communications du CERIC, un designer talentueux et créatif. Des remerciements également aux directeurs visionnaires du CERIC, Riz Ibrahim ainsi qu'à Bruce Lawson, président de la Counselling Foundation of Canada. De plus, le projet a joui de l'appui de Daniel Mester, de Cayla Charles et d'Ian Munro sur le plan de la recherche.

Lisa et Sharon aimeraient également reconnaître la contribution des champions des connaissances du projet :

Jennifer Hagan, de la Chambre de commerce du Canada; Richard Buteau et André Raymond CRHA, de l'Université Laval; Marie Bountrogianni et Fred Anger, de la G. Raymond Chang School of Continuing Education, à l'Université Ryerson; Ian Young, Centre CFO et Anthony Kellner, du Groupe Banque TD.

Ce projet a bénéficié d'un comité consultatif fantastique, dont Lisa aimerait remercier les membres : Fred Anger et Marie Bountrogianni, de la G. Raymond Chang School of Continuing Education, Université Ryerson; Jenny Basov, du Toronto Region Board of Trade; Beth Dea, de Futurepreneur; Don Edmonds, d'Edmonds Rose; Sue Folinsbee, de Tri En Communications; Jennifer Hagan, de la Chambre de commerce du Canada; Anne Lamont; Maritha Peens; André Raymond CRHA, Université Laval; et Mark Venning, de ChangeRangers.

Lisa désire aussi remercier les organisations qui ont participé aux entrevues dans le cadre de l'étude. Ces organisations comptent moins de 500 employés, sont établies partout au Canada (d'un océan à l'autre), représentent les propriétaires anglophones et francophones et se situent dans les secteurs privé, public et sans but lucratif :

Ian Young, président-directeur général, Centre CFO; Taffik Choudhury, directeur général, Traxion Strategic Partners; Derek Bullen, propriétaire, S.i. Systems; Vanessa Melman Yakobson, chef de la direction et associée, Blo Blow Dry Bar; Joan Garson, Baskin Financial; Mary Aitken, présidente et fondatrice, Verity, George, Sweetgrass Spa et The Ivy; Don Coady, propriétaire et directeur artistique, DC Design House; Nancy Rowland, vice-présidente, Services et opérations internes et chef de l'exploitation, Centre des sciences de l'Ontario; Shirley Zerfas, propriétaire, One Imaging Inc.; Rona Birenbaum, présidente, Caring for Clients; Sheldon Kreiger, propriétaire et associé à l'exploitation, Boston Pizza; Chantelle Hansen, directrice des ressources humaines, JMP Engineering; Scot Rutherford, président et chef de la direction, Scot Builders; Jillian Hardie, directrice générale, Challenge Disability Resource Group; Vanessa Légère, conseillère, Développement des compétences et des processus, Victrix; Jenny Basov, gestionnaire principale, Ressources humaines, Toronto Region Board of Trade; Roxanne Larouche, directrice, Ressources humaines, Yukon Hospital Corporation; Jeff Quipp, chef de la direction, Search Engine People; Laura Ambrozic, présidente, Mimic Print; Eric Walker, associé directeur, CW Partners LLP; Geneviève Babin, vice-présidente, Groupe Pro Sante; Guylaine Gélinas, directrice générale, Maison provinciale des Ursulines du Québec; Steven Thériault, directeur général, Matelas Dauphin; ainsi que toutes les autres personnes interviewées qui souhaitent rester anonymes. ∎

LE CONTENU

Section 1 : Introduction

Mot à l'intention des propriétaires d'entreprise

Si vous avez choisi d'ouvrir et d'utiliser ce guide, c'est que vous faites partie d'un groupe de propriétaires d'entreprise privilégiés qui savent que le développement de carrière de leurs employés concorde avec des résultats opérationnels solides.

Le parcours des propriétaires d'entreprise est rempli de promesses d'aventures, de réalisations, de surprises, de récompenses, de croissance et de satisfaction. Et bien que vous puissiez parfois vous sentir seul dans votre périple, vous n'avez certainement pas choisi un chemin solitaire. Au Canada, 99,7 % des entreprises avec employés sont de petites ou moyennes entreprises (PME), dont la grande majorité se classe dans la catégorie des « microentreprises » (10 employés ou moins).[1] En fait, en 2015, les PME employaient 90,3 % de la main-d'œuvre dans le secteur privé (10,5 millions de Canadiens).[2]

Le succès d'une entreprise repose sur l'excellence de ses produits ou services, une relation solide avec la clientèle et une bonne compréhension du marché cible. Pour réussir, il est essentiel de gérer efficacement les activités quotidiennes tout en planifiant des mesures stratégiques à long terme. Vous ne manquez jamais de travail et diverses personnes demandent constamment votre temps et votre attention.

Cependant, votre temps est limité et, bien souvent, il vous manque des ressources pour réaliser tous vos plans. C'est ce qui rend le parcours du propriétaire d'une PME tout à fait unique. Il doit se concentrer et faire preuve de créativité dans sa façon de tirer parti des ressources disponibles.

En 2015, la Banque de développement du Canada a achevé une étude sur les besoins des PME en matière d'expansion. Elle en a tiré des « stratégies gagnantes », et notamment la conclusion suivante :

« De toute évidence, la taille, le secteur d'activité, l'âge et l'emplacement d'une entreprise influencent sa capacité de croissance. Cependant, ces facteurs n'ont aucun effet si les dirigeants de l'entreprise ne visent pas l'expansion. »[4]

Ce guide vous offre l'occasion d'envisager la gestion de carrière comme un levier stratégique pour atteindre un rendement

LE SAVIEZ-VOUS?

En moyenne, les coûts associés aux employés représentent environ 70 % des coûts d'exploitation. La relation que vous entretenez avec votre main-d'œuvre représente à la fois votre risque le plus élevé et votre principal avantage concurrentiel.[3]

LE SAVIEZ-VOUS?

Nous avons demandé à des propriétaires d'entreprise quelles étaient leurs principales préoccupations à l'égard des employés.

- 83 % s'inquiétaient de l'embauche et de la fidélisation d'employés;

- 66,7 % considéraient que trouver les talents adéquats et les recruter constituaient un défi de taille;

- 61,1 % se tracassaient du perfectionnement des nouveaux gestionnaires et candidats aux postes de direction;

- 50 % se demandaient comment fournir des occasions de développement aux employés tout au long de leur carrière quand les possibilités de promotion sont limitées;

- 50 % se faisaient du souci pour la rémunération et les récompenses offertes aux employés. (Cependant, seuls 38 % des répondants ont signalé qu'ils se préoccupaient de la gestion d'un budget serré alloué aux salaires dans un marché concurrentiel.)

Après une analyse de ces résultats en fonction de l'âge des entreprises, nous avons constaté que les finances constituaient la principale préoccupation des entreprises au cours de leurs 7 premières années d'exploitation. Les soucis en matière de recrutement augmentent pour les entreprises en activité depuis 4 à 7 ans. Quand l'entreprise exerce ses activités depuis 7 ans ou plus, ce sont les inquiétudes relatives à l'engagement, à la fidélisation et au perfectionnement des employés qui dominent.

récompenses ponctuelles ou des exercices de consolidation d'équipe, il vaut mieux miser sur la carrière de vos employés. Si vous leur donnez les moyens de réussir, votre entreprise en tirera les bienfaits.

Car les répercussions de la gestion de carrière ne se limitent pas à la satisfaction et à la fidélité des employés. La gestion de carrière favorise aussi l'amélioration du service à la clientèle, l'identification plus rapide de moyens d'optimiser les activités commerciales, et l'élargissement des possibilités de développement, autant pour le personnel que pour l'entreprise. ∎

PASSEZ À L'ACTION :

Dans ce guide, vous verrez souvent la rubrique « PASSEZ À L'ACTION » qui vous propose des façons de mettre en pratique sur-le-champ les notions acquises. Ne vous sentez toutefois pas obligé d'appliquer toutes les suggestions ou tous les sujets traités dans l'immédiat. Ce guide se veut une ressource permanente à laquelle vous pourrez revenir à loisir.

supérieur au sein de votre entreprise. Tout au long du guide, nous vous fournirons des statistiques, des outils et des conseils. Pour entamer votre exploration, nous vous suggérons d'examiner les données suivantes du Temkin Group [5] :

Les employés très engagés sont :

- 2,5 fois plus susceptibles de rester travailler après leur horaire habituel s'il faut terminer une tâche;

- 2 fois plus enclins à aider une personne, même si celle-ci ne le demande pas;

- 3 fois plus portés à réaliser une bonne action pour l'entreprise, alors qu'aucune attente n'existait à cet égard;

- 5 fois plus disposés à recommander à un ami ou à un membre de leur famille de postuler pour un emploi dans l'entreprise.

Au lieu de proposer des

Mot à l'intention des gestionnaires

Bienvenue dans ce guide de gestion de carrière, un document de référence conçu pour vous, les gestionnaires ingénieux, engagés et curieux.

Pour élaborer ce guide, nous avons discuté avec des dirigeants de PME dans tout le pays. De la Colombie-Britannique à Terre-Neuve en passant par le Yukon, nous avons entendu parler du manque de temps et de la nécessité de jouer plusieurs rôles. Certains gestionnaires ont fait remarquer que s'ils assumaient les mêmes responsabilités dans une plus grande entreprise, ils obtiendraient sans doute un titre plus imposant. D'autres se sont montrés sincèrement inquiets de la carrière de leurs employés, et nombre de gestionnaires ont signalé qu'ils devaient régulièrement se démener pour les récompenser adéquatement tout en gérant le flux de trésorerie et les charges de travail.

En créant ce guide, nous avons toutefois décelé des écarts importants entre les perceptions des gestionnaires et celles des employés en ce qui a trait à l'orientation de la carrière. Plus précisément, nous avons constaté que :

- 60 % des gestionnaires des ressources humaines croient que leur entreprise offre aux employés un itinéraire de carrière clair, alors que seuls 36 % des employés sont d'accord avec cette affirmation. [6]

- 82 % des employés de la génération Y déclarent qu'ils sont fidèles à leur employeur, mais seul 1 % des gestionnaires des ressources humaines emploieraient le mot « fidèles » pour décrire leurs employés de la génération Y. [7]

- 68 % des employés ont affirmé que leurs gestionnaires ne les aidaient pas activement à développer leur carrière. [8]

Même les gestionnaires qui pensent entretenir un lien solide avec leur personnel pourraient découvrir que leurs employés ne reconnaissent pas ce soutien. L'écart entre la perception des employés et l'intention des gestionnaires peut souvent amener ces derniers à se désengager des activités de gestion de carrière. Après tout, si leurs efforts pour aider les employés ne portent pas fruit, d'autres priorités risquent d'accaparer leur précieux temps. Et alors, une vague de désengagement pourrait se produire parmi les employés.

Imaginez que vous êtes un voyageur et que ce document est votre guide de voyage. Gardez l'esprit ouvert aux découvertes et aux occasions d'apprentissage qui vous attendent. Il se pourrait que le parcours proposé et les résultats d'une bonne gestion de carrière ne soient pas du tout ce à quoi vous vous attendiez, et aboutissent à une expérience exceptionnelle pour vous, votre personnel et votre entreprise. ∎

PASSEZ À L'ACTION :

Des modèles, des ressources et des outils sont mis à votre disposition pour vous guider vers l'action. Si un outil ne vous convient pas, n'hésitez pas à le modifier. Nous espérons que ces idées de départ vous inciteront à perfectionner et faire évoluer vos employés en leur offrant une expérience professionnelle hors du commun. Pour commencer, nous vous recommandons de partager ce guide avec le propriétaire de votre entreprise (ou de lui en offrir un exemplaire) afin que vous puissiez examiner ensemble les principales questions.

Tirer parti du format « guide de voyage »

En tant que propriétaire ou gestionnaire de PME, vous savez qu'une chose est sûre : il n'y a jamais assez de temps pour faire ce qui doit être fait.

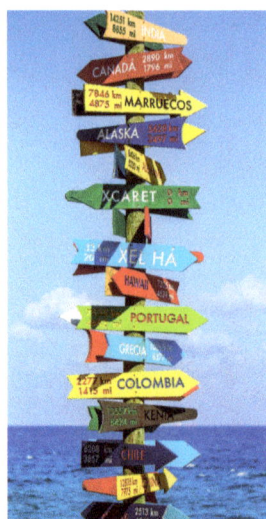

Nous vous avons reçus cinq sur cinq en menant notre recherche. Les propriétaires d'entreprise nous ont affirmé à maintes reprises qu'ils pensaient posséder les connaissances et les compétences nécessaires pour s'améliorer comme conseillers en gestion de carrière et comme gestionnaires.

Ils ont le savoir-faire, mais manquent de temps et ne savent pas comment la gestion de carrière s'applique dans une structure horizontale. Beaucoup pensaient que, même s'ils fournissaient des « emplois » aux employés, le personnel ne disposait que de peu de possibilités de perfectionnement professionnel et les discussions ne feraient que mener le personnel à envisager d'autres entreprises pour une prochaine étape de carrière.

Cela nous a amenés à réfléchir, dans quel contexte sommes-nous confrontés à de nouvelles expériences inconnues avec un nombre important d'activités qui pourraient et devraient être réalisées en un temps limité? Comment pouvons-nous proposer une nouvelle approche pour améliorer les carrières de ceux qui possèdent et travaillent au sein des PME?

Nous avons appris que nous avons besoin de fournir un guide axé sur l'entreprise qui donne aux propriétaires et aux gestionnaires ce dont ils ont réellement besoin :

Du temps libre et des mesures d'actions éprouvées qui s'intègrent dans votre horaire de travail quotidien.

Nous avons structuré ce guide de manière novatrice et créative. Lors de nos entrevues et de nos recherches, nous avons appris que vous accordiez une grande importance à la disponibilité de ressources de gestion de carrière immédiatement utilisables. Vous avez clairement signifié votre intérêt pour un guide concis qui vous aiderait dans vos interactions et vos activités quotidiennes, et qui proposerait des liens vers des ressources recommandées et un soutien accru à ceux qui souhaitent approfondir un sujet précis.

Voilà pourquoi nous avons structuré cet ouvrage comme un guide de voyage.

Quand nous voyageons, nous avons peu de temps à consacrer à un endroit ou à une activité en particulier. Nous devons optimiser notre horaire et l'utilisation de nos ressources financières autant que possible. Nous cherchons à nous concentrer sur les aspects qui nous procurent la meilleure expérience.

De même, le temps et les ressources sont des contraintes majeures pour les propriétaires et les gestionnaires d'entreprise. Vous savez que le recrutement, la participation et la fidélisation des employés ainsi que la productivité dépendent des expériences positives des employés, y compris les occasions d'apprendre, de se développer, d'être reconnu, de se mettre au défi et d'être récompensé. Mais comment pouvez-vous assurer une bonne expérience des employés tout en jonglant avec des budgets serrés, un personnel limité et un temps limité pour faire toutes les choses qui « devraient » être faites.

Le bon « itinéraire de gestion de carrière » fournira des expériences qui répondent aux besoins et aspirations de votre personnel et de votre entreprise.

Nous voulons vous montrer que la gestion de carrière constitue un levier commercial précieux, à rendement élevé et à faible risque, qui aidera votre entreprise à effectuer de grands progrès. De toute façon, qui n'aime pas les voyages personnalisés, « spécialement conçus pour soi »? ■

ASTUCE DE VOYAGE : APPRENEZ LA LANGUE

En voyage, nous découvrons souvent un nouveau vocabulaire. Dans le cadre de notre étude, nous avons appris que les propriétaires et les gestionnaires de PME considéraient le « développement de carrière » et la « formation » comme synonymes, alors que le terme « gestion de carrière » était perçu comme une notion plus large comprenant un éventail d'activités réparties sur toute la vie active d'une personne. Les petites entreprises considéraient aussi que la gestion du talent et la gestion de carrière revenaient au même, alors que les moyennes entreprises tendaient à voir la gestion du talent comme une activité opérationnelle stratégique n'englobant pas nécessairement les outils et l'aide axés sur la carrière des employés. Dans ce guide, nous emploierons le terme « gestion de carrière » pour désigner notre sujet et nos activités. Quelques sources citées pourraient toutefois recourir à d'autres termes. Pour nos besoins, nous considérerons la gestion de carrière et le développement de carrière comme des synonymes. Pour ceux qui s'intéressent aux définitions officielles, la « gestion de carrière » est « un processus autogéré de planification de carrière qui dure toute la vie et est axé sur l'établissement d'objectifs personnels et l'élaboration de stratégies pour les atteindre ». [9]

Section 2 : Fondements de la gestion de carrière

Destination : l'intérêt de la gestion de carrière pour votre entreprise

Les employés veulent savoir que vous êtes investi dans leur carrière. Vous avez besoin d'une équipe solide et d'une image de marque en tant qu'employeur. La gestion de carrière continue est la réponse.

Dans cette section, vous trouverez des renseignements généraux sur la terminologie de la gestion de carrière et sur les occasions et options que la gestion de carrière a à offrir à votre entreprise. Dans un vrai guide de voyage, cette section serait consacrée à un survol de la ville, de la province, de l'État ou du pays que vous comptez visiter. Si vous préférez sauter directement à la conception du plan ou du parcours de gestion de carrière de votre entreprise, vous trouverez les modèles, les activités et les astuces à partir de la page 21. ∎

PAROLE D'EMPLOYEUR

« Quand les employés voient que nous investissons dans leur carrière et qu'ils ont une possibilité d'avancer, ils restent. Et même s'ils partent, ils finissent par revenir. » [10]

LE SAVIEZ-VOUS?

Nous avons demandé à des propriétaires et gestionnaires de PME quelle image représentait le mieux une carrière. Voici les 10 meilleures images que les propriétaires aient évoquées :

- « Une chaîne de montagnes, où à des sommets succède une vallée, puis un autre sommet »
- « Un labyrinthe pour enfants avec plusieurs entrées, dont une seule mène au centre »
- « Un escalier »
- « Un chemin avec de fréquents embranchements parmi lesquels il faut choisir »
- « Un groupe d'escaladeurs qui se soutiennent les uns les autres et se procurent du matériel selon les différentes étapes de l'escalade »
- « Un safari, parce qu'on ne sait pas quels animaux sauvages nous guettent dans les herbes hautes ni quelles rivières on aura à traverser »
- « Il y a 10 ans, j'aurais dit un escalier, mais comme aujourd'hui les employés peuvent poursuivre plusieurs carrières, c'est plus difficile à définir, alors je dirais plutôt un voyage »
- « Une pyramide »
- « Une échelle »
- « Un train – parfois, nos plans déraillent! »

Premiers préparatifs en vue de votre parcours de gestion de carrière

Les activités de gestion de carrière permettront d'améliorer les résultats des entreprises, avec une préparation préalable minimale.

Avant de préparer un voyage, la plupart des gens se posent certaines questions précises :

- Quels sont nos moyens?
- Quelle est la meilleure période pour voyager?
- Quel type d'expérience recherchons-nous?

En prévision du voyage, vous planifiez les déplacements, établissez le budget, fouillez des sites d'évaluation en ligne et vous renseignez auprès de vos amis sur les villes, les hôtels et les forfaits. Ensuite, vous faites les choix qui répondent le mieux à vos critères.

Vos employés actuels et futurs recourent au même processus lorsqu'ils décident de postuler pour un emploi dans votre entreprise, de se joindre à votre équipe ou d'y rester. Ils tiennent compte du salaire et des avantages offerts et se demandent s'il s'agit du bon moment pour occuper le poste que vous leur proposez. Mais le critère auquel ils accordent le plus d'importance, c'est la qualité de leur collaboration éventuelle avec vous.

Leur expérience quotidienne au sein de votre personnel leur permettra-t-elle de dynamiser et de développer leur carrière ou produira-t-elle l'effet inverse? Quelle est la culture de votre milieu de travail?

Dans ce guide, nous proposons des conseils et des activités qui amélioreront les occasions de carrière dans votre entreprise, développeront la culture de votre milieu de travail et renforceront votre image de marque en tant qu'employeur.

ASTUCE DE VOYAGE :
Nous arrivons à planifier certains voyages tout seuls. D'autres sont plus compliqués ou nécessitent des renseignements que nous n'avons pas le temps de recueillir. Dans ce cas, nous faisons appel à une agence de voyages qui nous aide à planifier une expérience inoubliable. Dans le domaine de la gestion de carrière, il existe des conseillers et des experts qui peuvent vous donner un coup de main dans la planification et la mise en œuvre de vos programmes. Recherchez les professionnels qui emploient le terme « carrière » (et non « ressources humaines ») pour décrire leur champ d'expertise.

Toute personne ayant participé à un effort de dotation sait combien le recrutement et l'embauche de nouveaux employés prennent du temps et à quel point il est important de faire les bons choix. Cependant, l'embauche n'est qu'un début. Les PME font des pieds et

Premiers préparatifs en vue de votre parcours de gestion de carrière (suite)

des mains pour maintenir l'engagement de leurs employés et fidéliser les employés les plus performants. Lors de nos entrevues, nous avons appris que de nombreuses PME perdaient rapidement leurs employés les plus performants en raison des possibilités d'avancement limitées. Pourtant, de nombreuses occasions de développement significatives s'offrent à ces personnes, même dans une structure horizontale ou avec des effectifs limités. "

Les employés doivent apprendre à mieux cerner leur carrière, alors que les propriétaires et les gestionnaires doivent les motiver, les stimuler et les soutenir à mesure qu'ils évoluent. Votre façon de déterminer et d'évaluer ces besoins et d'y satisfaire définit en grande partie la culture de votre entreprise.

Comme un pays, une région ou une ville, votre entreprise possède sa propre culture, qui est souvent informelle et tacite. Même un énoncé officiel de votre mission, de vos valeurs et de votre vision n'empêchera pas vos employés de discuter avec leur famille, leurs amis ou des connaissances de leur expérience dans votre organisation. En effet, la « façon dont

ASTUCE DE VOYAGE :
En explorant la suite de ce guide, pensez à la trajectoire de croissance de votre entreprise. Vous savez sans doute quels sont vos objectifs en matière de revenus et de profit. Si vous disposez d'équipements, vous connaissez aussi les investissements nécessaires pour augmenter la production, diminuer les coûts de réparation et réduire les risques au minimum. Mais quels sont vos objectifs et vos plans d'investissement en ce qui a trait aux employés?

Nous ne pourrions pas créer un guide pour les PME sans évoquer la principale préoccupation de leurs propriétaires : le flux de trésorerie. Bien que la majorité des employés souhaitent que leur employeur leur offre une formation supplémentaire ou les envoie à un congrès, nous savons que les pressions liées aux moyens financiers sont énormes, en particulier pendant les premières années d'activité. Pour cette raison, les activités de base, les conseils et les principales recommandations proposés dans ce guide requièrent peu ou pas de ressources additionnelles. De temps à autre, nous mentionnons des services supplémentaires dans lesquels vous pourriez investir, selon vos besoins. Chaque voyage est assorti de ressources financières limitées, et même les voyageurs économes peuvent profiter de fabuleuses expériences.

Réfléchissez à ces questions quand vous évaluez le rendement du temps et des ressources investis dans les activités de gestion de carrière :

- Quels coûts engendrons-nous en ignorant ou en remettant à plus tard les besoins du personnel relatifs à la gestion de carrière? **RÉPONSE :** Cette omission nous coûte à la fois de l'argent et de la productivité perdue.

- Quel est le meilleur moment pour commencer à améliorer l'engagement des employés? **RÉPONSE :** MAINTENANT.

- Quel type d'expérience voulons-nous offrir aux employés et quelle image de marque devons-nous projeter en tant qu'employeur? **RÉPONSE :** Une expérience et une image de marque qui motivent les employés à travailler aussi bien que possible.

les choses fonctionnent ici » ne correspond pas toujours à la manière dont les propriétaires ou les gestionnaires décriraient la culture qu'ils souhaitent pour leur entreprise. Votre image de marque en tant qu'employeur est tout aussi importante que l'image de marque de vos produits et services. Aujourd'hui, il est facile pour vos employés de faire part de leurs joies et de leurs regrets dans les médias sociaux, comme sur LinkedIn ou Facebook, à la vue des collègues, des partenaires et des clients potentiels.

Les employés engagés alignent le succès de leur carrière sur celui de la marque et de l'organisation qu'ils représentent. La perception qu'ont vos employés des possibilités au sein de votre entreprise est liée à vos principaux résultats opérationnels. Le roulement de personnel coûte cher, et le personnel désengagé ne sera pas le meilleur porte-parole de la marque pour vous distinguer de la concurrence auprès de vos clients.

Le flux de trésorerie est le problème numéro 1 des PME. Cependant, la gestion de carrière est au fondement de la plupart des autres priorités, selon nombre d'études. Du recrutement à la fidélisation, en passant par l'accueil, l'intégration et la gestion, tous les aspects de la carrière d'un employé sont importants pour l'employé lui-même et pour l'entreprise.

En fait, la difficulté à trouver et à fidéliser des employés qualifiés et engagés influe directement sur la capacité de votre entreprise à gérer ses coûts. D'après une étude de la firme Gallup, un engagement plus élevé en milieu de travail se traduit par une diminution importante de l'absentéisme (37 %), des incidents liés à la sécurité (41 %) et des problèmes de qualité (41 %). [12] ■

LE SAVIEZ-VOUS?

- La satisfaction à l'égard de la carrière et de l'équilibre entre la vie personnelle et le travail se sont révélés les deux principales raisons pour lesquelles les employés demeurent en poste. [13]

- 78 % des employés ont indiqué qu'ils resteraient plus longtemps si leur organisation actuelle leur proposait un itinéraire de carrière. [14]

- 55 % des PME ont affirmé qu'elles avaient de la difficulté à embaucher et à fidéliser des employés qualifiés, ce qui représente le deuxième obstacle à la croissance après les coûts d'exploitation croissants. [15]

Qu'est-ce qu'une « bonne » gestion de carrière?

Les propriétaires d'entreprise nous ont fait part de leurs inquiétudes quant aux conversations à tenir avec leurs employés au sujet de leur carrière.

Certains se souciaient d'un manque de suggestions à leur offrir. D'autres confondaient gestion de carrière et gestion du rendement et indiquaient leur malaise quant aux discussions difficiles sur les insuffisances et les conséquences. D'autres, enfin, craignaient que les conversations plus poussées sur la carrière n'encouragent les employés clés à partir poursuivre leur carrière dans une plus grande entreprise.

📢

PAROLE DE PROPRIÉTAIRE D'ENTREPRISE :

« Il y a 10 ans, j'aurais comparé la carrière à un escalier, mais comme les employés poursuivent maintenant plusieurs carrières, c'est plus difficile à définir… Aujourd'hui, je la comparerais plutôt à un voyage. »

Une bonne gestion de carrière suppose que les gestionnaires et les employés comprennent certains éléments fondamentaux de leur carrière. Le CERIC a mis au point les **8 principes directeurs du développement de carrière** pour les aider à comprendre et à définir la portée du domaine de la gestion de carrière. (*Nous rappelons que la gestion et le développement de carrière s'emploient comme synonymes dans ce guide.*)

Ces principes peuvent vous aider à mettre en place de bonnes conversations axées sur la carrière, des ressources adéquates (comme celles énumérées à la fin de ce guide) et des programmes pertinents pour vos employés.

Le développement de carrière :

1. Est un processus perpétuel de regroupement et de gestion d'activités rémunérées et non rémunérées : apprentissage (éducation), travail (emploi, entrepreunariat), bénévolat et temps libre.

2. Exige de déterminer les intérêts, les croyances, les valeurs, les habiletés et les compétences et de les associer aux besoins du marché.

3. Repose sur la compréhension des options, en jonglant avec le but et en faisant des choix informés.

4. Doit être autogéré; une personne est responsable de sa propre carrière, mais n'est pas seule – nous sommes tous influencés par notre environnement et l'influençons à notre tour.

5. Est souvent appuyé et façonné par

LE SAVIEZ-VOUS?

La gestion du rendement doit être distinguée de la gestion de carrière. La gestion du rendement est un « processus continu de communication entre un superviseur et un employé qui se poursuit tout au long de l'année, dans le but d'appuyer l'atteinte des objectifs stratégiques de l'entreprise ». [16] Il s'agit d'évaluer l'exécution de tâches précises associées à l'emploi afin de soutenir les objectifs établis par l'entreprise. Le représentant atteint-il ses objectifs de vente? Le chargé de projet respecte-t-il les échéances et le budget? Selon notre étude, la majorité des entreprises recourent à une méthode ou à un système de gestion du rendement. Nous supposons donc que le rendement de vos employés est adéquat et répond aux objectifs de l'entreprise. Ce guide aborde des sujets et des mesures qui vont plus loin que les discussions, les interventions et les mesures de suivi en matière de rendement.

les éducateurs, la famille, les pairs, les gestionnaires et la collectivité.

6. Signifie tirer le meilleur parti de votre talent et de votre potentiel, quelle que soit votre définition de la croissance et de la réussite, qui ne correspond pas nécessairement à un avancement linéaire.

7. Est dynamique, évolutif et nécessite une adaptation et une résilience continues pendant les multiples périodes de transition.

8. Peut être complexe et compliqué, le contexte est donc un aspect clé – il peut y avoir des contraintes internes (financières, culturelles ou liées à la santé) ou externes (marché du travail ou technologie).

Les principes, les théories et les outils relatifs à la gestion de carrière ne font pas nécessairement partie des programmes d'entrepreneuriat ou de ressources humaines. De plus, la plupart des nombreuses ressources en matière de RH mises à la disposition des PME mettent l'accent sur la conformité.

Les ressources et les experts de gestion de carrière viennent traditionnellement des secteurs public (axé sur les politiques), universitaire (axé sur la recherche) et sans but lucratif (axé sur la prestation de services). Toutefois, à mesure que les cheminements de carrière se transforment dans notre économie de plus en plus orientée vers l'innovation et le travail autonome, les PME comme les entreprises

plus grandes recherchent des conseils auprès de sources novatrices, mais bien établies. Le domaine de la gestion de carrière a plusieurs décennies de sagesse et de résultats accumulés à offrir aux gestionnaires et aux employés pour les aider à se retrouver dans ces structures d'emploi en mutation.

La gestion de carrière ne constitue pas une aventure solitaire. Les gestionnaires jouent un rôle essentiel aux côtés des employés. Au chapitre 16 de leur ouvrage *Career Development Practice in Canada : Perspectives, Principles, and Professionalism*, Sandra Boyd et Kim Spurgeon décrivent cette relation comme un partenariat de carrière, dans lequel :

« En fournissant des occasions d'apprentissage et en appuyant les objectifs de carrière de leurs employés, les dirigeants contribuent à les rendre autonomes et favorisent le développement de leur carrière. Quant à l'organisation, son devoir consiste à aider les employés à perfectionner leurs compétences en gestion de carrière grâce à des programmes de ressources humaines, au mentorat et au réseautage. Les employés, enfin, doivent se responsabiliser à l'égard de leur propre développement à l'aide d'autoévaluations, de

Qu'est-ce qu'une « bonne » gestion de carrière? (suite)

mises à jour de leurs compétences et de l'établissement d'objectifs de carrière. Quand ces trois aspects concordent, les employés s'engagent davantage et la fidélisation s'améliore. » [17]

En effet, une bonne gestion de carrière est étroitement associée à une productivité élevée, à une mise en marché plus rapide et à une plus grande satisfaction de la clientèle. Ce processus repose sur les individus, peut prendre différentes formes et n'est pas nécessairement axé sur les promotions ou la mobilité. En revanche, il se fonde sur le principe qu'une meilleure accessibilité à des expériences uniques favorise le développement de carrière des employés. ∎

LE SAVIEZ-VOUS? LES 10 FAUSSES IDÉES DE LA GESTION DE CARRIÈRE LES PLUS COURANTES DANS LES PME

Lors de nos entrevues avec des propriétaires et des gestionnaires de PME canadiennes, nous avons recueilli les fausses idées ci-dessous concernant la gestion de carrière. Toutes ces croyances sont erronées et empêchent les entreprises d'instaurer de bonnes pratiques en matière de développement de carrière. Combien d'entre elles circulent dans votre entreprise?

1. Les petites entreprises peuvent offrir des emplois, mais seules les grandes entreprises peuvent proposer une carrière.

2. La gestion de carrière et la formation reviennent au même, tout comme le développement de carrière et l'avancement.

3. Les employeurs contrôlent le cheminement de carrière de leurs employés.

4. Les membres du personnel savent gérer leur carrière.

5. Les gestionnaires savent comment aider les employés à développer leur carrière.

6. Les employés de la génération Y s'intéressent davantage au mode de vie et à l'équilibre entre la vie personnelle et le travail qu'à une carrière classique.

7. Les employés plus âgés n'ont pas à se soucier de leur carrière, car il est peu probable qu'ils effectuent des changements importants passé l'âge de 50 ans.

8. La gestion de carrière coûte cher et n'offre, dans l'immédiat, aucun rendement à l'entreprise sur le capital investi.

9. La gestion de carrière concerne seulement les membres d'une profession libérale et les travailleurs du savoir.

10. Les propriétaires et les gestionnaires de PME ne disposent d'aucune donnée précise, pratique éprouvée, ni étude fiable qui puissent les aider dans les situations difficiles liées à la gestion de carrière.

Section 3 : Votre parcours de gestion de carrière

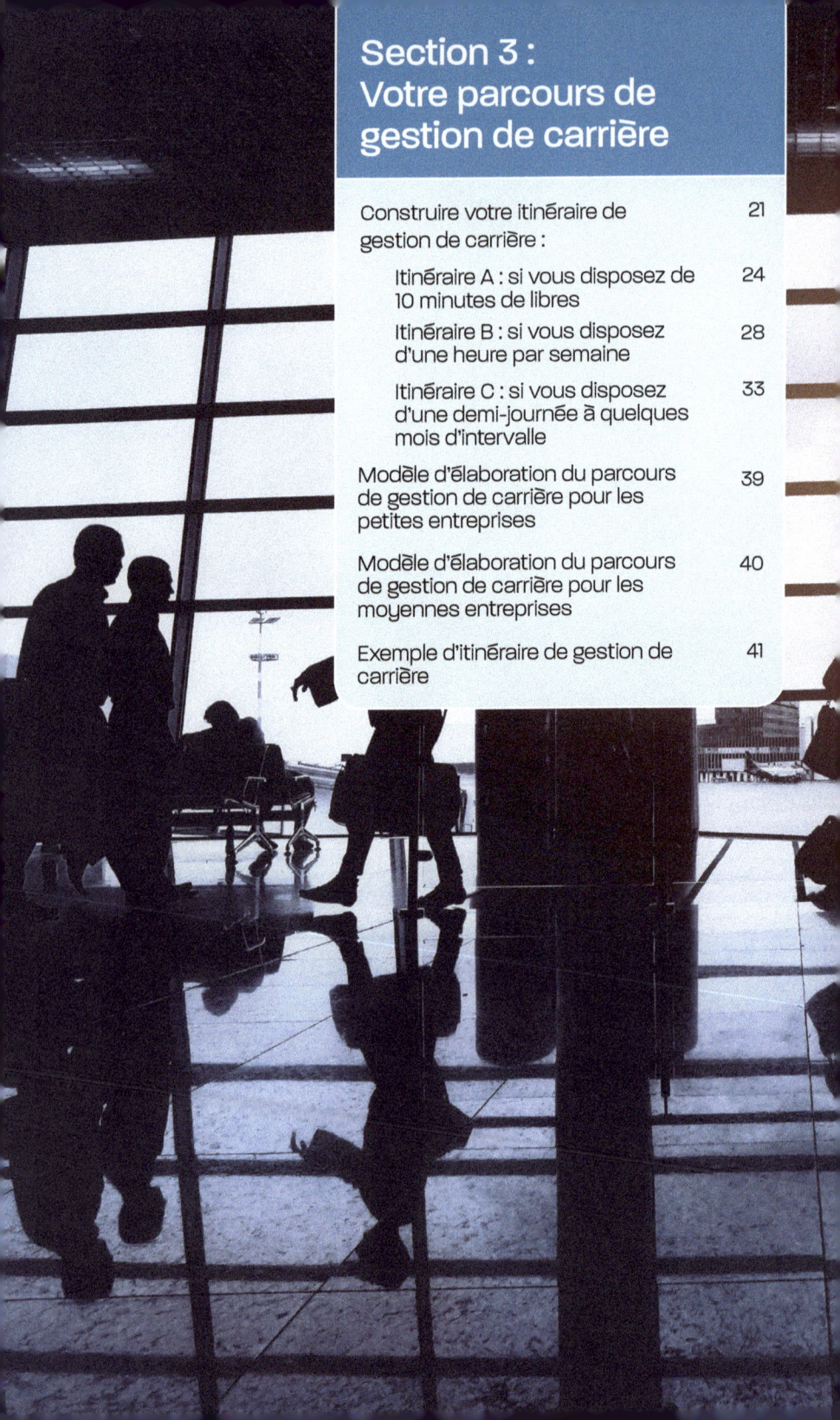

Construire votre itinéraire de gestion de carrière

Jusqu'à maintenant, nous avons surtout plaidé pour la gestion de carrière au sein des PME et fourni quelques conseils sur les pratiques et les programmes à envisager.

Faisant une analogie avec le voyage, nous avons donné des renseignements généraux sur les pratiques de gestion de carrière qui assurent le développement des employés et le succès de l'entreprise (la « destination »). Nous avons également décrit brièvement comment la gestion de carrière peut attirer les recrues potentielles.

Cependant, nous savons tous que le moment le plus gratifiant de la préparation d'un voyage est celui où l'itinéraire est fixé et la planification terminée. Il s'agit du moment où nous savons ce qui nous attend et pouvons nous concentrer sur la concrétisation d'une merveilleuse expérience.

Lors de notre étude, nous avons appris que la taille de l'organisation avait une incidence sur la façon d'utiliser le temps. Les entreprises comptant de 1 à 50 employés ne transigent pas de la même manière avec le temps et les ressources limités que celles comptant de 51 à 499 employés. De plus, les compétences des gestionnaires en matière de gestion de carrière et la priorité qu'ils accordent à l'accompagnement et au soutien relatifs à la carrière varient selon la taille de l'entreprise. Par conséquent, nous vous proposons deux modèles à utiliser lorsque vous choisirez les activités à inclure dans votre parcours de gestion de carrière : un pour les entreprises de 50 employés ou moins et un pour les entreprises de 51 à 499 employés. ∎

Entreprises de 1 à 50 employés

Vous disposez de la moins grande quantité de temps, de capital et d'employés. Dans votre entreprise, vous devez assumer à la fois le rôle de gestionnaire et d'exécutant, et chaque personne embauchée doit être performante. Vous avez adopté une approche moins formelle que les grandes entreprises en matière de politiques et procédures de RH, et le propriétaire de l'entreprise réalise probablement la plupart des activités relatives au rendement et à la gestion de carrière des employés.

Notre étude a révélé que les propriétaires et les gestionnaires d'entreprises de moins de 50 employés ont plus de facilité à planifier des activités supplémentaires lorsqu'elles s'effectuent sur une base hebdomadaire ou mensuelle. Quand ils trouvent du temps supplémentaire dans une journée, seules les activités à accomplir rapidement et sans l'aide d'autres personnes sont réalisables.

Entreprises de 51 à 499 employés

Votre entreprise bénéficie d'un meilleur équilibre que les petites entreprises. Vous avez plus de stabilité et une plus grande confiance en vos capacités d'expansion, surtout si vous exercez vos activités depuis au moins 5 à 8 ans. Selon toute probabilité, vous avez adapté votre structure organisationnelle de manière à disposer de chefs d'équipe ou de gestionnaires qui aident le propriétaire dans la gestion du rendement au quotidien, même si la haute direction participe toujours activement aux évaluations du rendement et à la planification de la main-d'œuvre ou du recrutement.

Selon notre étude, environ 67 % des propriétaires et gestionnaires d'entreprises de moyenne taille disposent d'une heure additionnelle dans une semaine typique, soit plus de temps que les petites entreprises. Ils sont également plus enclins à organiser des évaluations du rendement formelles qui s'effectuent une fois par trimestre, deux fois par année ou une fois par année.

ASTUCE DE VOYAGE :

Vous trouverez un modèle pour les petites entreprises (de 1 à 50 employés) à la page 39 et un autre pour les entreprises moyennes (de 51 à 499 employés) à la page 40. En consultant les activités de gestion de carrière proposées, vous pourrez utiliser ces modèles pour créer votre propre « parcours » ou votre plan d'action personnalisé.

CONSEILS POUR COMMENCER

1. Tout comme un vrai guide de voyage comporte plusieurs catégories de recommandations (hôtels, visites, cuisine, transports, etc.), nous tenons à vous offrir la possibilité de créer votre propre parcours de gestion de carrière, selon différentes catégories d'activités.

   - Certains d'entre vous se concentreront peut-être sur un objectif qui les amènera à réaliser des activités dans un domaine précis (comme une visite gourmande qui mettrait l'accent sur la cuisine).

   - D'autres pourraient chercher à équilibrer les éléments de leur plan et mobiliser une multitude d'activités afin d'élargir leurs horizons en matière de gestion de carrière (comme dans un voyage culturel).

   - D'autres enfin auront peut-être tendance à trier les activités et à retenir celles qui correspondent directement à l'enjeu commercial du moment (comme dans un voyage thématique où l'hébergement, les repas et les événements sont axés sur un sujet en particulier).

2. Tout comme dans un vrai guide de voyage, nous avons répertorié bien plus d'activités que vous puissiez en accomplir dans une période raisonnable, par exemple en 6 ou 12 mois. Ne vous mettez pas de pression pour choisir plus que le nombre d'activités que vous jugez réaliste (en retenant quand même quelques activités supplémentaires, au cas où vos priorités changeraient). Évidemment, il n'est pas possible de tout voir dans une ville au cours d'une seule journée. N'hésitez pas à reprendre votre plan chaque année pour créer de nouveaux parcours afin d'enrichir votre expérience de gestion de carrière.

3. Les activités de ce guide sont structurées de manière à vous inciter d'abord à revoir votre façon de penser. Chaque section subséquente est de plus en plus orientée vers les actions et liée aux objectifs de votre entreprise. Nous vous recommandons de commencer par lire toutes les activités, en marquant d'une étoile ou en encerclant celles qui semblent pertinentes. Ensuite, passez en revue les activités que vous avez retenues et demandez-vous lesquelles sont les plus importantes et dans quel ordre vous aimeriez les réaliser. Enfin, remplissez le modèle de parcours fourni.

4. En plus des activités qui sont listées et qui s'appliquent à toutes les entreprises, d'autres activités sont proposées pour mieux répondre aux besoins des entreprises de 51 à 499 employés.

Itinéraire A : si vous disposez de 10 minutes de libres

Vous pouvez choisir une de ces activités. Vous pouvez répéter la même tous les jours ou faire alterner quelques activités.

Penser

Objectif : déterminer de nouvelles mesures positives à prendre

Pensez à votre parcours. Retrouvez un moment déterminant de votre carrière. Notez-le. Pourquoi le considérez-vous comme significatif? Qu'avez-vous appris à cette occasion?

Cette expérience pourrait-elle aider d'autres personnes qui rencontreraient une situation professionnelle similaire? Si tel est le cas, envisagez la diffusion générale de votre expérience auprès des employés.

Consultez l'Astuce de voyage pour une bonne communication avec les employés à la page 26.

Communiquer

Objectif : instaurer une culture d'apprentissage collaboratif et d'exploration qui encourage le développement des employés

Commencez à envoyer à vos employés de courts messages soulignant leurs bons coups, notamment l'évolution d'un employé ou l'acquisition de nouvelles compétences.

Exemple :

Objet : Créativité au travail

Corps du texte : La semaine dernière, [nom de l'employé] a fait preuve de créativité en [aidant un client/un collège/m'aidant] à résoudre un problème. [Décrivez brièvement le problème et les répercussions sur la personne aidée et sur l'entreprise.] J'ai hâte de savoir ce que [nom de l'employé] a appris de cette expérience. Bravo.

Certaines organisations enverront ces messages « succès » chaque fois qu'il y a un succès à célébrer. D'autres établiront un calendrier plus prévisible, incluant éventuellement ces messages dans le cadre d'une communication mensuelle ou trimestrielle

LE SAVIEZ-VOUS?

D'après le Groupe de recherche canadien sur l'évaluation de la pratique en développement de carrière fondée sur les données probantes (GDRC) : « La plupart du temps, les employés des petites et moyennes entreprises apprécient leur travail et aiment travailler dans une petite entreprise. Ils accordent une très grande importance à la communication avec leur employeur et leurs collègues. Cependant, ils ont l'impression que leurs possibilités d'avancement sont limitées et souhaitent explorer, avec leur employeur, les occasions de relever de nouveaux défis. » [18]

ASTUCE DE VOYAGE :

Nous avons demandé conseil à Keka DasGupta de www.kekadasgupta.com, experte des relations avec les petites entreprises, au cas où vous découvririez que vos employés expriment leurs frustrations en ligne au sujet de leur travail ou de leur carrière. Voici sa recommandation pour protéger votre image de marque :

« Quelles que soient les occasions que vous offrez, il y aura toujours quelques personnes qui se plaindront en ligne. Cependant, les évaluations positives doivent largement dépasser les négatives pour que ces occasions soient malgré tout considérées comme excellentes. C'est une question de proportion. Pensez à TripAdvisor. Les meilleurs hôtels du monde reçoivent de bonnes et de mauvaises évaluations sur ce site. Toutefois, quand nous constatons que les évaluations positives sont plus nombreuses que les négatives, nous sommes rassurés.

De même, pour contrebalancer les évaluations négatives d'employés, les PME doivent prendre l'initiative de transmettre des messages publics positifs sur leur entreprise.

Voici quelques propositions : 1) encouragez les employés à servir de véritables ambassadeurs de l'entreprise en parlant de leur expérience en ligne; 2) publiez les principes et les valeurs de l'entreprise afin que le public puisse connaître les causes que vous défendez; 3) définissez votre profil public pour que les gens apprennent à vous connaître et vous aimer comme chef de file. »

plus large. Quelle que soit la fréquence à laquelle vous décidez d'envoyer ces messages, faites savoir à vos employés ce à quoi ils peuvent s'attendre et assurez-vous de passer 10 minutes toutes les semaines à solliciter le partage des histoires du personnel et des gestionnaires.

Discuter

Objectif : comprendre le lien entre les objectifs de l'entreprise et les expériences quotidiennes de l'équipe pour les harmoniser

Appelez un employé pour tenir une discussion « sans but précis ». Dites-lui que votre appel vise tout simplement à prendre de ses nouvelles. Soulignez que la durée de l'appel ne dépassera pas 10 minutes et que si une plus longue conversation s'avère nécessaire, vous planifierez un suivi pour examiner de plus près les sujets évoqués. Accordez-lui quelques minutes pour exprimer ses principales préoccupations. Votre discussion n'a pas besoin de porter directement sur la carrière. Cependant, n'oubliez pas que l'établissement de ce genre de relation informelle avec vos employés a une incidence sur leur carrière. Dans les régions où les employés doivent parcourir de plus grandes distances pour se rendre au travail, la dernière partie de leur trajet pourrait bien se révéler le moment idéal pour une prise de contact informelle. Chaque employé a toutefois ses préférences.

Après cette discussion, notez les priorités, les sujets et les questions abordés.

La fois suivante, choisissez un autre employé.

Réaliser

Objectif : prendre des mesures qui favorisent les possibilités de développement dans votre équipe

Effectuez une recherche sur LinkedIn et Facebook pour voir comment vos employés parlent de votre entreprise et de votre marque. Invitez deux ou trois personnes à offrir un

Itinéraire A :
si vous disposez de 10 minutes de libres (suite)

point de vue externe sur votre image d'employeur. Comment partager les messages positifs que vous remarquez?

En cas de commentaires négatifs, vous devrez les examiner sur deux plans. Premièrement, vous devrez définir l'approche à adopter avec l'employé. Cherchez à déterminer s'il y a un fond de vérité dans ses commentaires. Les messages exprimant un léger mécontentement représentent une excellente occasion d'apprentissage pour l'employé (comment trouver un exutoire plus approprié pour exprimer ses besoins) et pour vous (les aspects que votre entreprise ignore ou gère inadéquatement, auxquels vous devez accorder plus d'attention).

Consultez l'« Astuce de voyage » pour obtenir des suggestions sur la gestion de votre image d'employeur en ligne à la page 25.

Le Service de placement de l'Université Laval a publié un livre captivant sur le bien-être au travail et les attitudes gagnantes pour motiver et encourager son équipe. Ce livre, intitulé *Au travail, ça roule?*, pourrait vous inspirer!

◻ **http://www.septembre.com/livres/travail-roule-1607.html**.

Complétez l'exercice simple suivant adapté du livre. Qu'est-ce qui vous apparaît comme pertinent pour vous et votre équipe?

- Pensez à un collègue, dans votre entourage, qui a l'air heureux au boulot. Quels sont les éléments qui le caractérisent?

- Ensuite, pensez à un moment, ces dernières journées, qui vous a rendu particulièrement heureux au travail. Pourquoi cette tâche-là ou cette rencontre-là vous a-t-elle procuré un tel sentiment de satisfaction?

- Demandez-vous, maintenant, quel comportement vous devriez adopter pour atteindre cet état de bien-être au travail.

La plupart des propriétaires d'entreprise considèrent que la formation et la gestion de carrière constituent la même activité. Ce n'est pas le cas. La formation est un outil que l'employé peut utiliser pour gérer et diriger sa carrière.

Chaque fois que vos employés participent à une formation en ligne,

ASTUCE DE VOYAGE :

Quand vous mettez en œuvre une nouvelle initiative ou un nouveau programme pour les employés, vous devez vous demander qui y sera admissible et comment vous les communiquerez à l'équipe. D'après Priya Bates, d'Inner Strength Communication, une bonne communication avec les employés comporte « les 3 C » : le Contact (qui, à quelle fréquence, selon quelle méthode), le Contenu (les renseignements que vous voulez transmettre et le moment de la communication) et le Contexte (faire preuve d'authenticité et tenir compte des autres messages explicites et implicites reçus). Vous trouverez des ressources additionnelles en communications internes ou avec les employés sur ce site : ◻ **http://ow.ly/nQB9100uGKe.**

Réfléchir

Objectif : consacrer le temps nécessaire à la définition des aspects à développer au sein de votre équipe

Évaluer

Objectif : cerner les données adéquates pour prendre de meilleures décisions opérationnelles

en personne ou en cours d'emploi, **assurez-vous qu'ils complètent une évaluation**. L'accent doit être mis sur ce qui a été appris, comment ces nouvelles connaissances ont été mises en pratique et comment elles ont fait avancé un objectif lié à l'entreprise et à la carrière.

Voici un bon exemple de questionnaire : **http://www.solutionsrh.net/grh/doc/outil_10.pdf**.

Au cours du mois suivant, prévoyez du temps pour examiner les résultats de cette évaluation et déterminer les types de formation qui entraînent les améliorations les plus rapides des paramètres les plus importants (revenus, limitation des coûts, satisfaction de la clientèle, flux de trésorerie, etc.) et qui conviennent le mieux à votre personnel et à votre entreprise. ∎

PAROLE DE PROPRIÉTAIRE D'ENTREPRISE

« Je m'inquiète de la gestion des communications avec mes employés. Quand une situation difficile survient, personne ne peut me conseiller et je ne sais pas où trouver du soutien. Je dois toujours fournir la solution. »

Itinéraire B : si vous disposez d'une heure par semaine

Vous pouvez choisir deux ou trois activités ou déterminer quelques activités à intégrer à votre évaluation trimestrielle.

Penser

Objectif : déterminer de nouvelles mesures positives à prendre

Pensez à l'importance d'écouter les employés et de réfléchir à leurs préoccupations. Songez aux questions, aux priorités et aux problèmes qui ressortent régulièrement lors de vos discussions

Les activités supplémentaires recommandées aux entreprises de 51 à 499 employés

Pensez au rôle des gestionnaires. Quelles connaissances ou compétences possèdent-ils en matière d'outils et de théories relatifs à la carrière? Tout le monde suppose que son supérieur immédiat peut offrir de bons conseils sur la gestion de carrière. Cependant, la plupart des discussions sur la carrière portent sur l'aptitude à l'emploi, soit dans le poste actuel soit en prévision d'un nouveau poste. L'aptitude à l'emploi ne représente toutefois qu'un élément parmi d'autres d'une discussion sur la carrière. Un manque de vision plus large pourrait compromettre l'efficacité du gestionnaire et même mettre le processus en péril. Imaginez ce qu'il arriverait si vous comptiez sur les connaissances d'un gestionnaire possédant une expertise approfondie

d'un seul média social pour élaborer et communiquer vos plans de commercialisation stratégiques à long terme.

Quand vous gérez une main-d'œuvre grandissante, certains concepts, cadres et outils stratégiques peuvent vous aider à réaliser de meilleurs investissements et à assurer le développement de gestionnaires de carrière plus solides au sein de votre organisation.

À titre d'exemple, combien de concepts parmi les suivants connaissez-vous?

- La gestion du changement
- La théorie sur les étapes du cycle ou du parcours de vie professionnelle
- La psychologie positive
- L'étude neuroscientifique du comportement en milieu de travail

Ne vous en faites pas si ces

termes ne vous semblent pas familiers. Vos activités principales ne se déroulent (probablement) pas dans le domaine du développement de carrière. Quand vous repérez un besoin dans un secteur en dehors du vôtre, vous recherchez des ressources externes gratuites et abordables. Des ressources en gestion de carrière existent pour vous aider à renforcer les compétences à l'interne grâce à l'accompagnement, aux discussions sur la carrière, à la mise au point d'un plan de carrière et à la mobilisation des employés.

Demandez-vous si cet aspect devrait faire partie des objectifs de développement de vos gestionnaires des ressources humaines, et si d'autres membres de votre personnel pourraient aspirer au titre de « champion de la gestion de carrière ».

avec le personnel. Quels besoins relatifs à la carrière semblent concerner l'ensemble de l'entreprise, et lesquels touchent une seule personne ou un petit groupe d'employés? Notez trois questions à poser sur ces problèmes et préparez d'autres questions pour une rencontre ultérieure de 10 minutes avec un employé ou un gestionnaire.

Communiquer

Objectif : instaurer une culture d'apprentissage

Les activités supplémentaires recommandées aux entreprises de 51 à 499 employés

Demandez à vos employés de faire circuler un article qui leur a rappelé leur propre carrière. Invitez-les à trouver, au cours des six prochains mois, un article à faire circuler. Quand les employés se sentent prêts, demandez-leur de vous transmettre l'article avec deux ou trois « points à retenir » ou questions que l'article a soulevées. Lorsque vous avez recueilli une douzaine d'articles ou plus assortis de commentaires d'employés, vous pouvez créer un dossier en ligne ou remettre un livret aux nouveaux employés, dans le cadre du processus d'accueil et d'intégration, pour alimenter les discussions sur la carrière avec les gestionnaires.

collaboratif et d'exploration qui encourage le développement des employés

Communiquez un article ou un outil mettant l'accent sur les compétences non techniques essentielles pour le succès des employés. Vous pourriez vous abonner au bulletin gratuit *OrientAction en bref* du CERIC, qui présente aux deux semaines des articles axés sur la carrière provenant de diverses sources et traitant de sujets d'actualité : **http://www.orientaction.ca/oaenbref**. Ces résumés livrés dans votre boîte de réception peuvent servir à trouver un article ou un sujet à communiquer à votre personnel.

Parmi les bonnes sources d'articles relatifs à la carrière figurent la rubrique « Carrières » de votre journal, le magazine *INC*, le magazine *Fast Company* et les groupes de LinkedIn (effectuez une recherche avec le mot-clé « carrière » et par votre secteur d'activités pour accéder aux discussions et aux ressources pertinentes).

Discuter

Objectif : comprendre le lien entre les objectifs de l'entreprise

Les activités supplémentaires recommandées aux entreprises de 51 à 499 employés

Discutez de la possibilité de désigner certains gestionnaires des ressources humaines comme des « champions de la gestion de carrière » dont la tâche consisterait principalement à fournir de bonnes ressources en gestion de carrière aux autres gestionnaires et aux employés. Notez les préoccupations soulevées, comme le manque de temps. Discutez de la possibilité qu'une ou deux personnes affectées à cette tâche prennent le temps d'accompagner les autres employés lorsque de nouveaux outils ou de nouvelles pratiques sont adoptés dans l'entreprise.

et les expériences quotidiennes de l'équipe pour les harmoniser

Avec vos employés, discutez de vos projets en cours et vos principales priorités pour le prochain mois. Expliquez comment votre travail s'harmonise avec leurs tâches. Sollicitez des questions qui pourraient susciter l'intérêt général, piquer la curiosité ou évoquer des problèmes communs. Discutez de nouvelles occasions pour vos employés d'organiser des séances d'apprentissage communes, de mieux

Itinéraire B : si vous disposez d'une heure par semaine (suite)

répartir leur travail ou d'explorer un nouveau sujet lié à l'entreprise qu'ils ne comprennent pas tout à fait. Signalez que vous leur demanderez de faire part des résultats de ces séances d'apprentissage en groupe lors d'une rencontre ultérieure.

Réaliser

Objectif : prendre des mesures qui favorisent les possibilités de développement dans votre équipe

Misez sur la fidélisation.
Dans les petites entreprises, il est vital de garder les bons employés. Votre façon de diriger l'équipe a une grande incidence sur la fidélité de vos employés.

Bien souvent, les propriétaires de PME tissent des liens étroits avec leurs employés. Au fil du temps, la discipline sur le plan de la communication, de la conciliation travail-famille, etc. tend à s'estomper. Le propriétaire sait qu'il peut compter sur les employés qui comprennent les tâches à accomplir et déploient des efforts

supplémentaires pour y arriver. Cependant, tout le monde a besoin d'une reconnaissance de son travail et d'une assurance que son avenir a de l'importance.

Pensez à l'attention que vous prêtez à la culture de votre entreprise, à la communication ouverte et à la souplesse. Votre point de mire ou votre position ont-ils changé avec le temps? Vos employés savent-ils vraiment pourquoi vous avez apporté des modifications qui ont une incidence sur leurs interactions avec vous et avec les autres employés?

Pour obtenir des conseils supplémentaires, consultez cet article sur l'amélioration de la fidélisation du personnel :

http://www.portailrh.org/effectif/fichedemo.aspx?f=19453.

Dotez-vous d'un plan pour mettre en œuvre des conseils pertinents dans le courant du prochain mois.

Réfléchir

Objectif : consacrer le temps nécessaire à la définition des aspects à développer au sein de votre équipe

Consultez les vidéos et les baladodiffusions portant sur la carrière. TED propose deux conférences

extraordinaires (en anglais) qui nous incitent à repenser notre mode de communication (« The Importance of Being Inauthentic » de Mark Bowden, soit « l'importance de l'inauthenticité ») et la valeur que nous accordons au bonheur et à l'optimisme en milieu de travail (« The Happy Secret to Better Work » de Shawn Achor, soit « le secret pour mieux travailler tout en restant heureux »).

Ces deux conférences TED remettent en cause certaines idées préconçues et proposent des conseils pratiques.

Voici quelques courtes vidéos supplémentaires en français pour vous aider à penser différemment sur la façon dont vous communiquez avec vos employés et les impliquez dans votre entreprise :

Mobilisation d'équipe : http://www.generationinc.com/management/relations-avec-les-clients-management/3-conseils-mobiliser-employes-ameliorer-experience-client.

Mobilisation autour des enjeux financiers : http://www.affairesrh.ca/gestionnaires/solutions-gestion/capsule.aspx?p=461592.

Faire participer les employés dans le changement :

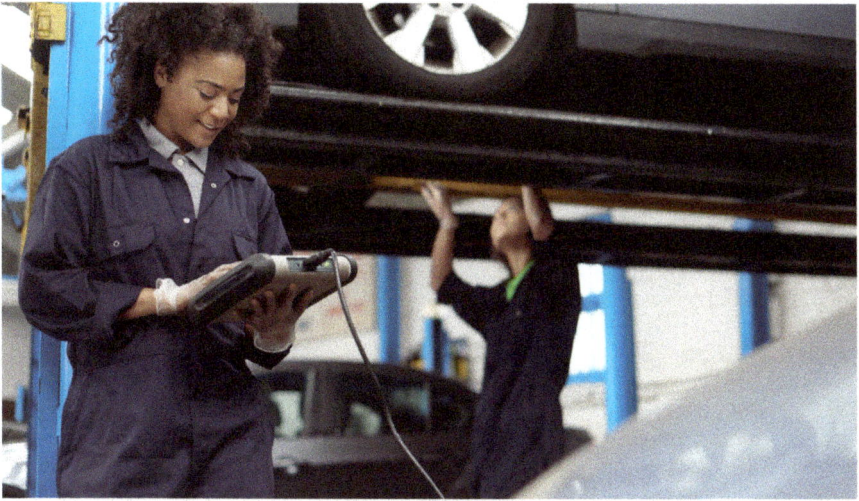

🔗 **http://www.portailrh. org/StudioRH/fiche5f. aspx?p=482337**.

La liste des baladodiffusions utiles semble infinie : elles vous invitent à réfléchir aux besoins actuels de votre entreprise et aux possibilités que vous pouvez offrir à vos employés au chapitre de l'engagement et de la carrière. Écoutez par exemple (en anglais) « HR for Small Business » (« les RH pour les petites entreprises ») à l'adresse 🔗 **https://itunes.apple. com/us/podcast/human-resources-for-small/ id533673516?mt=2**.

Profitez aussi des baladodiffusions (en anglais) « Best Part of My Job » (« les meilleurs aspects de mon emploi »), dans lesquelles différentes personnes parlent de leur carrière : 🔗 **http://www. bestpartofmyjob.com/ podcast/**.

📊 Évaluer

Objectif : Cerner les données adéquates pour prendre de meilleures décisions opérationnelles

---

Les activités supplémentaires recommandées aux entreprises de 51 à 499 employés

À mesure que votre entreprise grandit, il est de plus en plus important d'embaucher des gestionnaires et des cadres supérieurs qui peuvent réaliser une analyse de rentabilité et montrer comment évaluer les programmes relatifs aux employés. Dans le monde d'aujourd'hui, où les activités se déroulent à un rythme effréné, nous cherchons à investir dans des programmes qui donnent des résultats solides et concrets. **Vous pourriez demander à votre personnel des finances ou de la comptabilité de vous aider à élaborer un modèle de rendement du capital investi** qui indique les bons paramètres à utiliser lors de l'évaluation des décisions d'investissement axées sur les employés. Fiez-vous à leur expertise pour définir quels aspects évaluer, comment s'y prendre et comment recueillir les données nécessaires.

Si vous souhaitez offrir à vos employés une formation lors de laquelle il est possible de créer un modèle de base de retour du capital investi pour votre entreprise, envisagez le cours 103 du Centre for Career Innovation, intitulé « Workforce Program ROI and Analytics » (« le rendement du capital investi et l'analyse dans les programmes pour la main-d'œuvre ») : 🔗 **http://www. centreforcareerinnovation. com**.

Quels paramètres ou objectifs relatifs à la carrière établissez-vous pour vos employés?
Doivent-ils montrer qu'ils ont acquis de nouvelles connaissances au cours de l'année? Vos employés indiquent-ils de nouvelles compétences à acquérir, ou font-ils preuve d'une plus grande maturité? Dans quelle mesure respectent-ils les objectifs de l'entreprise? Quels objectifs vos employés aimeraient-ils inclure dans l'évaluation et le suivi? Dressez une liste de vos principaux objectifs opérationnels et réfléchissez aux manières dont le plan de carrière de chacun de vos employés pourrait les qualifier ou susciter leur intérêt pour participer à un projet spécial qui viserait un objectif opérationnel précis. Voici quelques objectifs à inclure, à titre d'exemple :

- Améliorer le flux de trésorerie
- Augmenter les revenus
- Diminuer les coûts
- Accélérer le développement de nouveaux produits
- Commercialiser les résultats de la recherche
- Forger de nouveaux partenariats
- Augmenter la notoriété sur le marché
- Explorer l'expansion géographique

Quels autres éléments pourriez-vous ajouter à cette liste?

Avec un temps, des fonds et du personnel limités, qui promettent le plus fort retour sur investissement?

- Le mentorat par un expert chevronné?
- Des discussions plus fréquentes sur la carrière?
- De nouvelles expériences, comme la participation à un salon commercial ou à des événements communautaires?
- Une formation en particulier?
- Une formation par observation assortie d'un calendrier?

Il s'agit d'envisager différentes mesures et activités relatives à la gestion de carrière qui tiendraient compte des objectifs de votre entreprise afin de parvenir à de bons compromis. ∎

LE SAVIEZ-VOUS?

Selon la firme Gallup, « les employés qui profitent d'occasions de se développer constamment sont deux fois plus susceptibles d'affirmer qu'ils poursuivront leur carrière dans l'entreprise ». [19]

Itinéraire C : si vous disposez d'une demi-journée à quelques mois d'intervalle
(ou dans le cadre de la planification des affaires annuelle)

Vous pouvez choisir deux ou trois activités par année.

Penser

Objectif : déterminer de nouvelles mesures positives à prendre

Pensez à votre façon de motiver le personnel. Parfois, nous supposons que l'argent constitue le seul facteur de motivation, mais les études indiquent le contraire! Quel type d'expérience serait pertinent pour chaque employé? Certains vous accompagneraient sans doute à un événement avec plaisir. D'autres seraient peut-être ravis de relever le défi de résoudre un nouveau type de problème. Créez un plan pour motiver le personnel sans recourir aux récompenses financières (ou revoyez votre plan si vous en avez déjà un). Tenez compte des aspects qu'une récompense vise à renforcer :

- La reconnaissance publique – au sein de l'entreprise, de l'industrie ou de la communauté. Comment pourriez-vous mettre en valeur un travail bien exécuté dans vos efforts de marketing ou vos communications avec les employés? Un employé pourrait-il représenter votre entreprise lors d'un événement public?

- Milieu de travail – certains de vos employés accordent une grande importance aux éléments qui rendent leur environnement de travail spécial. Quelles récompenses visibles pourriez-vous offrir? Un certificat? Une place de stationnement spéciale?

- Le travail varié – existe-t-il un nouveau projet ou un nouveau domaine à explorer? Quels membres du personnel aiment consacrer une heure ou deux à une tâche qui ne fait pas partie de leurs responsabilités quotidiennes?

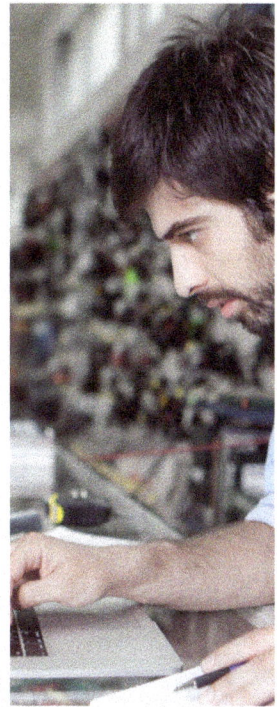

Pour obtenir d'autres idées et suggestions, n'hésitez pas à consulter ce site : **http://ow.ly/xLRC1oo0xQVT**.

Prenez en considération le fait que 89 % des employés envisageraient une mutation latérale au sein de l'entreprise. [20]

Il existe aussi des outils et des évaluations en ligne que vous pouvez proposer à vos employés pour définir leurs motivations. Vous trouverez un test gratuit à cette adresse :

Les activités supplémentaires recommandées aux entreprises de 51 à 499 employés

Pensez au développement d'un réseau interne. Pouvez-vous penser à trois personnes (une triade) de différents services qui mériteraient de se connaître? Si elles travaillent dans différents secteurs de votre entreprise, peut-être pourraient-elles former une équipe interfonctionnelle? Peut-être certains d'entre eux possèdent-ils un réseau interne ou externe bien établi, alors que d'autres possèdent des compétences ou des expériences uniques à partager? Les études scientifiques indiquent que si les membres de la triade proviennent de différentes générations, le transfert des connaissances intergénérationnel et les innovations se concrétisent plus vite que dans la plupart des programmes de mentorat individuel classiques.

🔗 **http://ow.ly/pOLP100uNVX.**

(Note de l'auteure : Pour obtenir des tests d'évaluation de grande qualité, vous pourriez envisager des services tarifés, comme ceux de Psymetrik : 🔗 **http://www.psymetrik.com.**)

LE SAVIEZ-VOUS? LES TRIADES ET LE MENTORAT INTERGÉNÉRATIONNEL

« Quel intérêt offrent les triades? Les études montrent que la culture d'entreprise se façonne à partir des relations que tissent de petits groupes d'employés. Des réseaux naturels et interreliés se font et se défont constamment dans le contexte des relations professionnelles et sociales. Dans une relation triadique à haut rendement, tous ses membres donnent et obtiennent en retour, dans le respect des valeurs communes, souvent tacites, qui guident leur travail. Chaque personne indique clairement quel type d'expertise elle peut fournir. Les membres de la triade demeurent également conscients de la qualité de la relation entre ses deux autres membres. Les triades procurent une structure à la fois stable et dynamique pour la mise en œuvre de programmes de formation, de changement et d'expansion à même le lieu de travail. Compte tenu du caractère intergénérationnel de la main-d'œuvre d'aujourd'hui, cette méthode offre une occasion unique d'harmoniser l'accueil et l'intégration, le développement du leadership et la gestion de la relève. » Citation du *Triadic Mentoring Handbook* (manuel de mentorat triadique) de Challenge Factory.

Communiquer

Objectif : instaurer une culture d'apprentissage collaboratif et d'exploration qui encourage le développement des employés

Planifiez à intervalle régulier dans votre calendrier les rencontres de discussions sur la carrière à tenir avec vos employés. La plupart des employés apprécient les discussions mensuelles ou trimestrielles. Il est indispensable d'informer les employés de la fréquence de ces discussions et de la respecter. Si vous sautez des rencontres, les employés en déduiront que leur carrière et leur engagement ne constituent pas une priorité pour vous. Quand vous vous préparez pour une discussion sur la carrière, il est bon de demander à l'employé quels sujets lui tiennent à cœur. N'oubliez pas que les problèmes de rendement devraient être traités au fur et à mesure et ne devraient pas faire partie de ces discussions plus stratégiques de gestion de carrière.

Vous trouverez un guide pour vous et vos employés à l'adresse suivante : 🔗 **http://www.crwg-gdrc.ca/crwg/**

index.php/ressources/
conversations-sur-la-
carriere?lang=fr.

L'article suivant pourrait également vous servir (en anglais seulement) :

🔗 https://www.
fastcompany.com/919177/
dont-run-career-
conversations.

Pour des ressources supplémentaires, nous vous recommandons ce livre blanc de Right Management :

🔗 http://ow.ly/
JIuA100uNWX.

Vous pourriez aussi envisager le cours 105 du Centre for Career Innovation, intitulé « Better Career Conversations for Managers » (De meilleures discussions sur la carrière pour les gestionnaires) : 🔗 http://ow.ly/hh2B100uNXj.

❓ Discuter

Objectif : comprendre le lien entre les objectifs de l'entreprise et les expériences quotidiennes de l'équipe pour les harmoniser

Discutez de sujets relatifs à la carrière lors de vos rencontres avec d'autres propriétaires d'entreprise. Les gestionnaires et les propriétaires d'entreprise nous ont appris qu'ils faisaient souvent partie de réseaux ou de petits groupes qui se réunissent régulièrement. Pour certains, il s'agit des rencontres officielles d'un réseau structuré d'entreprises. D'autres essaient tout simplement de se retrouver autour d'un café, d'un dîner ou après le travail avec des collègues de confiance. Organisez une rencontre avec trois ou quatre propriétaires ou gestionnaires d'entreprise en excluant vos concurrents. Discutez des moyens de soutenir collectivement le développement de carrière et l'épanouissement de vos employés. Vous pourriez, par exemple, partager des histoires de réussites et de défis, organiser une journée de formation par observation pour les employés afin qu'ils en apprennent davantage sur le reste de l'entreprise, ou déterminer des projets prioritaires sur lesquels vous pourriez travailler ensemble, comme l'évaluation de nouveaux outils ou la conception d'une nouvelle formation pour tous. Définissez clairement les attentes, l'investissement financier possible (s'il y a lieu), l'échéancier et les responsabilités.

Si vous ne savez pas comment vous y prendre pour amorcer cette discussion en petit groupe de pairs, pourquoi ne pas communiquer avec votre chambre de commerce pour rencontrer des gestionnaires d'entreprise compatibles?

🔄 Réaliser

Objectif : prendre des mesures qui favorisent les possibilités de développement dans votre équipe

Itinéraire C : si vous disposez d'une demi-journée à quelques mois d'intervalle (suite)

Revoyez votre structure organisationnelle actuelle. Vos descriptions de poste sont-elles claires et pertinentes?

Une bonne description de poste doit comprendre au moins les éléments suivants :

- Un titre qui serait attractif pour le candidat idéal. Vous verrez ainsi à ce que les bons employés occupent le bon poste. Si la description ne suscite aucun enthousiasme, vous devrez déterminer pourquoi.

- Une description générale des tâches et des responsabilités associées au poste (le budget? les relations avec la clientèle? les résultats de la campagne de marketing?). Assurez-vous de pouvoir évaluer ces tâches.

- Les compétences requises pour bien effectuer le travail, par exemple « aptitude pour le travail d'équipe », « la communication orale » ou « la pensée analytique ». L'article

suivant en dit plus sur la définition des compétences : 🔗 **http://www.affairesrh. ca/impression/default. aspx?f=105814.**

- Enfin, il importe d'indiquer comment vous évaluerez l'exécution des tâches. Quels résultats se produiraient si l'employé effectuait un excellent travail?

En partant des compétences et de l'évaluation des réussites, vous pouvez commencer à réfléchir aux façons dont l'itinéraire de carrière de l'employé pourrait être conçu, même dans une petite entreprise.

Un itinéraire de carrière donne aux employés l'assurance qu'ils réaliseront des progrès dans votre entreprise. Souvent, les gestionnaires de petites entreprises croient qu'en raison d'un nombre limité de postes ou d'une structure organisationnelle relativement horizontale, il leur est impossible de proposer un itinéraire de carrière à leurs employés. Heureusement, ce n'est pas le cas. Un cheminement de carrière peut notamment comprendre des jalons fondés sur le développement des compétences ou l'atteinte d'objectifs opérationnels, qui justifient un changement de titre. Un analyste technique pourrait devenir chef des

services techniques. Il est important de reconnaître le développement de carrière. Qui voudrait rester au même poste sans obtenir de reconnaissance des notions acquises et des réalisations? 🔗 **http:// ow.ly/qCZG100uO4s.**

Réfléchir

Objectif : consacrer le temps nécessaire à la définition des aspects à développer au sein de votre équipe

Réfléchissez à la croissance de votre entreprise au cours des 12 ou 24 prochains mois. Quelles compétences cruciales (techniques et non techniques) seront nécessaires pour votre

Les activités supplémentaires recommandées aux entreprises de 51 à 499 employés

Mettez en œuvre un programme de triades d'employés, composées de trois membres du personnel qui collaborent en vue d'établir un réseau (interne et externe) plus solide, de perfectionner leurs compétences et de soutenir les activités relatives à la gestion de carrière des autres membres. Pour commencer, déterminez qui ferait partie des premières triades (ou invitez les employés à se proposer).

succès?

Lancez une campagne interne « Les meilleurs aspects de mon emploi » qui incitera les employés à réfléchir à leur carrière et à communiquer leur expérience. Demandez-leur de penser à l'effet que la communication de leur histoire a sur leur propre perception de leur travail et de leur carrière. Publiez les résultats de la manière créative qui vous convient, par exemple :

- Sur un babillard, sur l'intranet ou sur un site collaboratif, avec une image qui représenterait l'histoire de chaque employé;

Les activités supplémentaires recommandées aux entreprises de 51 à 499 employés

Dans les plus grandes entreprises, **considérez comment les gestionnaires pourraient mener la campagne « Les meilleurs aspects de mon emploi »**. Si vous avez déjà désigné des champions de la gestion de carrière, réfléchissez aux façons dont ils pourraient aider à démarrer le projet et à s'assurer que les thèmes clés seront notés et intégrés aux rencontres annuelles de planification des affaires dans le cadre des discussions sur les employés ou les équipes.

- Dans un bulletin qui présenterait quelques-unes des histoires;

- Dans une liste de microbillets que chaque employé rédigerait s'il devait résumer sa carrière en 140 caractères.

Évaluer

Objectif : cerner les données adéquates pour prendre de meilleures décisions opérationnelles

D'autres activités vous ont demandé d'identifier les paramètres pour la formation et les activités liées à la carrière. **Rassemblez tous les paramètres ensemble et créer un tableau de bord** qui lie l'investissement de temps et de fonds pour que les employés participent à des projets spéciaux alignés avec les principaux objectifs d'affaires.

Assurez-vous d'obtenir la rétroaction des employés concernant l'effet de leur travail sur l'amélioration de leurs compétences au quotidien. Vous pouvez commencer par recueillir des données empiriques sur les progrès des employés et vos progrès par rapport aux objectifs de l'entreprise. Après quelques trimestres, examinez les tendances et créez un tableau de bord quantitatif qui vous aidera

à décider quelles activités axées sur quels groupes d'employés offrent le meilleur rendement pour les employés et l'entreprise.

L'objectif consiste à définir des paramètres logiques qui associent les activités de gestion de carrière que vous avez identifiées aux activités que vous souhaitez réaliser. Après tout, comme l'a déclaré Peter Drucker :

« Rien n'est plus inutile que de réaliser avec efficacité une tâche qui ne doit pas

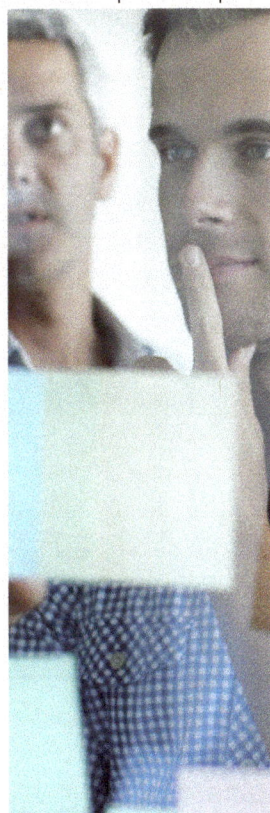

Les activités supplémentaires recommandées aux entreprises de 51 à 499 employés

Cette activité est conseillée aux entreprises qui réalisent des sondages d'engagement des employés. Souvent, les sondages sur l'engagement des employés mettent l'accent sur la participation des employés à certaines activités de l'entreprise, ainsi que sur la probabilité qu'ils recommandent à un ami ou à un collègue de travailler pour l'entreprise (une partie de ce qu'on appelle le taux de prescription). **L'engagement des employés peut être amelioré** pour vous aider à évaluer la maturité de votre entreprise sur le plan de la gestion de carrière lorsque vous ajoutez les éléments suivants à la fin de chaque question posée : Quelle importance accordez-vous à cet aspect, compte tenu de vos objectifs de carrière?

En examinant les réponses, vous parviendrez non seulement à discerner quels employés s'engagent à l'égard de leur travail ou de votre culture mais aussi s'ils ont le sentiment que vous avez négligé ou sous-évalué un élément important. Un fort taux d'implication dans des domaines qui ne sont pas liés à des objectifs de carrière individuels peuvent préfigurer les problèmes d'engagement. À l'inverse, le faible engagement dans les domaines qui sont très importants pour les plans de carrière des employés peut être lié au risque de rétention. Dans les deux cas, une conversation de carrière qui aligne les objectifs de l'entreprise et des employés est une bonne étape suivante.

Modèle d'élaboration du parcours de gestion de carrière pour les petites entreprises – votre plan d'action

Mon parcours de gestion
de carrière :   de (mois) _____ (année) _____ à (mois) _____ (année) _____

D'après l'itinéraire A : Je réaliserai **une** des activités suivantes dès que j'aurai 10 minutes de libres (énumérez autant d'activités que vous voulez) :

	Ma prochaine étape	En cours	Terminée	À refaire
☐ _____	☐	☐	☐	☐
☐ _____	☐	☐	☐	☐
☐ _____	☐	☐	☐	☐
☐ _____	☐	☐	☐	☐

D'après l'itinéraire B : Je planifierai quelques heures par mois pour réaliser **deux ou trois** de ces activités chaque semaine, au cours des prochains mois :

	Ma prochaine étape	En cours	Terminée	À refaire
☐ _____	☐	☐	☐	☐
☐ _____	☐	☐	☐	☐
☐ _____	☐	☐	☐	☐
☐ _____	☐	☐	☐	☐

D'après l'itinéraire C : À quelques mois d'intervalle, je planifierai quelques heures consécutives pour avancer **un** des projets suivants :

	Ma prochaine étape	En cours	Terminée	À refaire
☐ _____	☐	☐	☐	☐
☐ _____	☐	☐	☐	☐
☐ _____	☐	☐	☐	☐
☐ _____	☐	☐	☐	☐

Liste de vérification :

Avez-vous inclus des activités de différentes catégories?

Penser	Communiquer	Discuter	Réaliser	Réfléchir	Évaluer
☐	☐	☐	☐	☐	☐

Si une activité en génère une autre, avez-vous ajouté cette activité de suivi dans la colonne « Ma prochaine étape »? ___

Avez-vous la certitude de pouvoir entreprendre toutes les activités que vous avez indiquées dans les colonnes « Ma prochaine étape » et « En cours »? Si ce n'est pas le cas, quels sont vos questionnements, ou quelles ressources vous manquent-elles?

_____

_____

Qui pourra vous aider à obtenir les réponses à vos questions ou les ressources nécessaires? (**CONSEIL :** À la page 53 de ce guide, vous trouverez une longue liste de ressources qui s'ajoutent à vos collègues, aux associations industrielles, à la Chambre de commerce et aux ressources internes de votre entreprise.)

_____

Modèle d'élaboration du parcours de gestion de carrière pour les moyennes entreprises – votre plan d'action

Mon parcours de gestion
de carrière :   de (mois) _____(année)_____ à (mois) _____ (année)_____

D'après l'itinéraire A : Je réaliserai **une** des activités suivantes dès que j'aurai 10 minutes de libres (énumérez autant d'activités que vous voulez) :

	Ma prochaine étape	En cours	Terminée	À refaire
☐ _____	☐	☐	☐	☐
☐ _____	☐	☐	☐	☐
☐ _____	☐	☐	☐	☐

D'après l'itinéraire B : Je planifierai une heure par semaine, dans la mesure du possible, pour réaliser **deux ou trois** de ces activités :

	Ma prochaine étape	En cours	Terminée	À refaire
☐ _____	☐	☐	☐	☐
☐ _____	☐	☐	☐	☐
☐ _____	☐	☐	☐	☐

D'après l'itinéraire B ou C : Dans le cadre des examens trimestriels, je réaliserai **un** de ces projets :

	Ma prochaine étape	En cours	Terminée	À refaire
☐ _____	☐	☐	☐	☐
☐ _____	☐	☐	☐	☐
☐ _____	☐	☐	☐	☐

D'après l'itinéraire C : Dans le cadre de la planification des affaires annuelle, je réaliserai **un** de ces projets :

	Ma prochaine étape	En cours	Terminée	À refaire
☐ _____	☐	☐	☐	☐
☐ _____	☐	☐	☐	☐
☐ _____	☐	☐	☐	☐

Liste de vérification :

Avez-vous inclus des activités de différentes catégories?

Penser	Communiquer	Discuter	Réaliser	Réfléchir	Évaluer
☐	☐	☐	☐	☐	☐

Si une activité en génère une autre, avez-vous ajouté cette activité de suivi dans la colonne « Ma prochaine étape »?

Avez-vous la certitude de pouvoir entreprendre toutes les activités que vous avez indiquées dans les colonnes « Ma prochaine étape » et « En cours »? Si ce n'est pas le cas, quels sont vos questionnements, ou quelles ressources vous manquent-elles?

_____

Qui pourra vous aider à obtenir les réponses à vos questions ou les ressources nécessaires? (**CONSEIL :** À la page 53 de ce guide, vous trouverez une longue liste de ressources qui s'ajoutent à vos collègues, aux associations industrielles, à la Chambre de commerce et aux ressources internes de votre entreprise.)

_____

Exemple d'itinéraire de gestion de carrière

Mon parcours de gestion
de carrière :   de (mois) _juillet_ (année) _2018_ à (mois) _janvier_ (année) _2019_

D'après l'itinéraire A : Je réaliserai **une** des activités suivantes dès que j'aurai 10 minutes de libres (énumérez autant d'activités que vous voulez) :

	Ma prochaine étape	En cours	Terminée	À refaire
☐ Appeler un membre du personnel pour effectuer un suivi	☐	☑	☐	☐
☐ Examiner les évaluations de la formation du personnel	☑	☐	☐	☐
☐ Chercher sur LinkedIn et Facebook	☐	☐	☐	☑

D'après l'itinéraire B : Je planifierai quelques heures par mois pour réaliser **deux ou trois** de ces activités chaque semaine, au cours des prochains mois :

	Ma prochaine étape	En cours	Terminée	À refaire
☐ Écouter les baladodiffusions « les RH pour les petites entreprises »	☐	☑	☐	☐
☐ Fixer des objectifs professionnels liés à la carrière	☑	☐	☐	☐
☐ Pensez à avoir des « champions de la gestion de carrière »	☐	☑	☐	☐

D'après l'itinéraire C : Dans le cadre de la planification des affaires annuelle, je réaliserai **un** de ces projets :

	Ma prochaine étape	En cours	Terminée	À refaire
☐ Se concentrer sur de meilleures discussions de carrière	☐	☐	☐	☑
☐ Créer des parcours de carrière pour l'équipe de vente	☐	☐	☑	☐
☐ En apprendre plus sur les triades et planifier	☑	☐	☐	☐

Liste de vérification :

Avez-vous inclus des activités de différentes catégories?

Penser	Communiquer	Discuter	Réaliser	Réfléchir	Évaluer
☑	☑	☑	☑	☑	☑

Si une activité en génère une autre, avez-vous ajouté cette activité de suivi dans la colonne « Ma prochaine étape »? _Oui_

Avez-vous la certitude de pouvoir entreprendre toutes les activités que vous avez indiquées dans les colonnes « Ma prochaine étape » et « En cours »? Si ce n'est pas le cas, quels sont vos questionnements, ou quelles ressources vous manquent-elles?

Pas sûr de la façon dont définir des paramètres liés à la carrière qui correspondent aux objectifs de l'entreprise.

Qui pourra vous aider à obtenir les réponses à vos questions ou les ressources nécessaires? (**CONSEIL :** À la page 53 de ce guide, vous trouverez une longue liste de ressources qui s'ajoutent à vos collègues, aux associations industrielles, à la Chambre de commerce et aux ressources internes de votre entreprise.)

Mes « champions de la gestion de carrière » (projet de recherche pour eux)
Rechercher un cours de formation sur les métriques
Demander à Jill comment son entreprise fait ça

Section 4 : Circonstances particulières

Circonstances particulières

De temps en temps, des situations qui exigent des approches uniques se présentent. Voici quelques conseils et outils que vous pouvez utiliser.

D'après les propriétaires de PME interviewés, il importe d'offrir un soutien accru aux employés au début (39 %) et au milieu (33 %) de leur carrière. Cependant, aucun des répondants ne considère que les employés ont besoin d'un appui particulier à la fin de leur carrière ou après une absence prolongée.

Plus intéressant encore, plusieurs propriétaires ont préféré ne pas indiquer de moment précis lorsque des questions de carrière émergent. Comme l'un des répondants l'a déclaré :

« Si nous nous concentrons sur les besoins d'un groupe spécifique, nous faisons tort aux employés. Chaque personne doit obtenir de l'attention au moment où elle en a besoin, plutôt qu'au moment que nous jugeons approprié. »

Nous sommes tout à fait d'accord. Nous avons donc déterminé quelques circonstances précises dans lesquelles les employés requièrent une attention soutenue et qui représentent un défi unique pour les PME. Si certains de ces cas vous semblent particulièrement pertinents pour vos employés, n'hésitez pas à vous référer à un point d'action de cette section. ∎

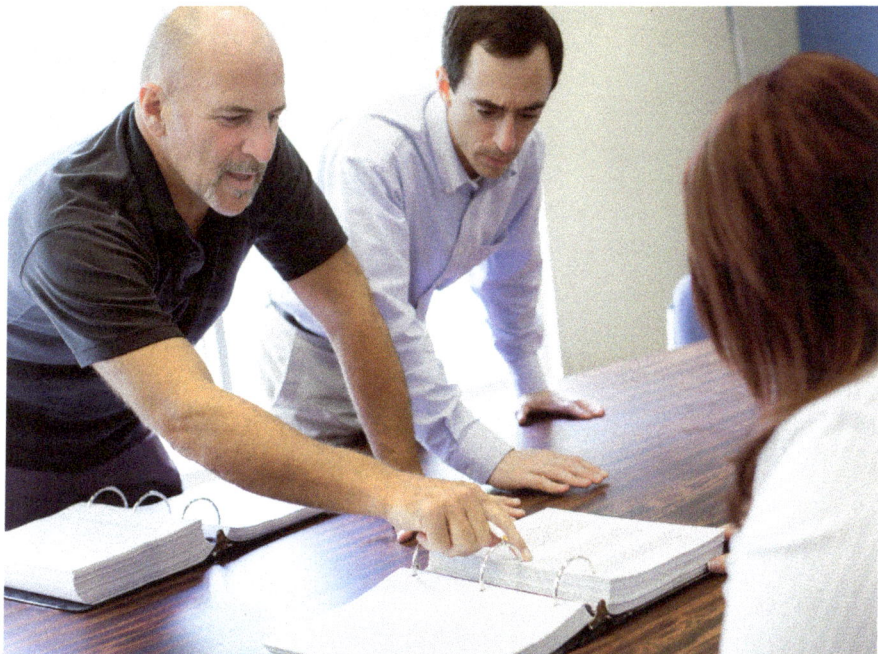

Perte d'employés et planification de la relève

À l'échelle du pays, les gestionnaires de PME nous ont confié qu'ils devaient constamment jongler avec, d'une part, le souhait sincère des employés d'évoluer et de rester et, d'autre part, la fidélisation des cadres supérieurs à haut rendement qui se montrent prêts pour le prochain défi.

Nous espérons que les activités et les suggestions proposées dans le parcours vous inspirent des façons d'aider vos employés plus expérimentés à continuer de développer leur carrière, même dans une structure horizontale. Néanmoins, quels que soient les efforts déployés dans la gestion de carrière, certains de vos employés décideront de quitter l'entreprise afin de poursuivre de nouveaux objectifs professionnels. Certains rechercheront des responsabilités accrues, une possibilité de gérer une plus grande équipe ou un budget plus élevé ou, encore, une occasion de travailler dans un nouveau domaine. Pour d'autres, les facteurs géographiques ou familiaux pourraient déclencher un désir ou un besoin de changer d'emploi.

Qu'arrive-t-il si la bonne solution pour un employé clé consiste à quitter ses fonctions? Son départ met-il votre entreprise en péril?

Pendant nos entrevues, 39 % des propriétaires d'entreprise ont admis qu'ils n'effectuaient aucune planification de la relève, alors que 50 % ont signalé qu'il leur fallait de 3 à 6 mois pour embaucher un nouveau gestionnaire ou un nouvel employé d'expérience. Si vous appreniez que le remplacement des revenus provenant d'un client important prendrait de 3 à 6 mois, nous doutons que 40 % d'entre vous attendraient la fin de son contrat pour entamer la prospection de nouveaux clients. ∎

📢 PAROLE DE PROPRIÉTAIRE D'ENTREPRISE

« J'ai décidé de mettre fin à une situation où mes employés, après avoir obtenu un titre (CA), pensaient qu'ils devaient changer d'emploi parce qu'ils ne croyaient pas avoir des possibilités de développement ici. J'ai donc mis en place un programme officiel, intitulé « Pathways to success » (Les chemins du succès), qui vise à faire baisser le taux de roulement. C'est un outil qui donne aux employés l'occasion de suggérer, lors d'une discussion, un cheminement à suivre ou une prochaine étape à viser au sein de l'entreprise si les gestionnaires ne sont pas au courant de leur intérêt. Le programme fonctionne. C'est un excellent moyen pour fidéliser les bons employés. »

PASSEZ À L'ACTION :

Une fois par trimestre, identifiez les employés clés que vous auriez de la difficulté à remplacer s'ils décidaient de quitter l'entreprise. Indiquez si c'est en raison de leurs compétences, des relations qu'ils ont établies ou de leurs autres qualités qu'ils sont si précieux. Réfléchissez ensuite aux personnes qui pourraient leur succéder si elles visaient un avancement, à l'interne ou à l'externe. Veillez à tenir compte de ces personnes lors de la révision de votre parcours de gestion de carrière. Avez-vous pensé à les mobiliser d'une manière adaptée?

PASSEZ À L'ACTION :

Les propriétaires de PME doivent maintenir leur réseau et entretenir une relation solide avec leurs anciens employés afin de s'assurer un bassin fiable pour la recommandation d'éventuels nouveaux employés. Les employés qui sont partis pour relever de nouveaux défis pourraient devenir, quelques années plus tard, d'excellents candidats pour un nouveau poste, ou encore des clients et des partenaires inestimables.

PAROLE D'EMPLOYEUR

« Dans une PME, il est important d'éviter de mettre tous ses œufs dans le même panier. S'il manque une personne, les activités ne doivent pas pour autant s'interrompre. »

Les gestionnaires et l'art de tenir des discussions sur la carrière

61 % des propriétaires et gestionnaires d'entreprise ont signalé avoir l'impression que les gestionnaires trouvaient les discussions sur la carrière difficiles.

PASSEZ À L'ACTION :

Dans votre parcours de gestion de carrière, certaines activités correspondent à ces trois suggestions. Veillez à offrir à vos gestionnaires le soutien dont ils ont besoin pour tenir des discussions adéquates et continues sur la carrière.

En fait, seules les entreprises où une proportion importante du personnel avait beaucoup d'ancienneté ont affirmé que ces discussions paraissaient faciles pour leurs gestionnaires. Cette différence tend à prouver que les discussions sur la carrière nécessitent une attention à long terme dans le cadre d'une relation de confiance. Ce ne sont pas de simples échanges ponctuels.

Selon nos entrevues, les trois principales raisons pour lesquelles les discussions sur la carrière semblent poser problème aux gestionnaires sont les suivantes :

- Des ressources financières limitées pour répondre aux demandes précises d'employés au chapitre de la rémunération; « Quand la discussion bifurque sur la rémunération, nous avons peu de jeu. »

- Des connaissances limitées quant aux expériences favorisant le développement de carrière ou aux futures occasions au sein de l'entreprise; « Parfois, comme ils ne connaissent même pas la direction que nous empruntons, il leur est difficile d'expliquer aux employés où ils pourraient se trouver dans 2 ou 5 ans. Dans le domaine des TI, tout change très vite. »

- Un temps limité pour planifier les rencontres, tenir les discussions et songer aux besoins des employés. « Nous nous concentrons à tel point sur l'exécution de nos tâches, au lieu de nous consacrer à l'entreprise, qu'il est difficile de trouver du temps pour l'exploration et le développement. Je suis tout simplement trop occupé à essayer de respecter les échéances. »

Les propriétaires d'entreprise ne semblaient pas inquiets d'un manque d'habiletés chez leurs gestionnaires pour entretenir des discussions délicates et personnelles avec les employés, témoignant ainsi de leur confiance à l'égard des compétences non techniques de leur équipe de gestion. Les gestionnaires des PME doivent assumer différents rôles et tisser de solides relations internes et externes. Comme ils ne peuvent compter sur le soutien d'un important groupe de pairs, les gestionnaires ne possédant pas d'excellentes aptitudes pour la gestion des ressources humaines ont peu de chances de réussir.

À la lumière de ces résultats, il nous semble évident que les propriétaires d'entreprise peuvent contribuer à améliorer la qualité des discussions sur la carrière, notamment en prenant les mesures suivantes :

- Fournir des suggestions de reconnaissance et de récompenses non pécuniaires aux gestionnaires avant leurs rencontres avec les employés;

- Réfléchir aux façons d'offrir aux employés des occasions de développement de carrière en tenant compte des priorités et des projets de l'entreprise au cours des 6 à 12 prochains mois. Les gestionnaires doivent savoir lesquelles parmi ces possibilités s'offrent aux membres du personnel;

- Aider les gestionnaires à accorder la priorité aux discussions sur la carrière à titre d'activité essentielle pour l'entreprise. ■

IMAGE : Qualités grâce auxquelles, selon les propriétaires, les gestionnaires deviennent de meilleurs accompagnateurs en matière de carrière.

LE SAVIEZ-VOUS?

Une bonne préparation des discussions sur la carrière s'avère cruciale, même quand l'employé et le gestionnaire se connaissent bien et travaillent ensemble depuis longtemps. Voici les sept erreurs communes à éviter lors des discussions sur la carrière (adapté de *Gestion des ressources humaines : un guide pour les propriétaires de petites entreprises*) :

1. Ignorance : Préparez-vous pour l'entrevue en consultant le dossier de l'employé ou en examinant ses réalisations. Recherchez des écarts inexpliqués, des contradictions ou des questions en suspens. Si certaines des questions que vous vous posez demeurent sans réponse, posez-les à l'employé et écoutez attentivement sa réponse.

2. Manque d'attention : N'acceptez aucune interruption pendant l'entrevue. La réception d'un appel téléphonique ou toute autre interruption lèsera l'employé et diminuera la valeur de la discussion.

3. Verbosité : Essayez de ne pas trop parler lors de la discussion. Laissez l'employé parler et écoutez-le attentivement. Demandez à l'employé les sujets qu'il désire aborder avant d'engager et diriger la discussion.

4. Incohérence : Réservez le même traitement à tous les employés. Respectez le même horaire et les mêmes points de déclenchement pour les discussions sur la carrière. Maintenez une fréquence régulière.

5. Propos non pertinents : En soulevant des détails sans importance, vous en révélez plus sur vous-même que sur l'employé. Essayez de vous en tenir aux expériences précises et aux exemples provenant du milieu de travail pour appuyer la discussion.

6. Mauvaise gestion : Ne déviez jamais du sujet. Respectez le temps que vous aviez prévu, en rappelant votre engagement à l'égard de discussions régulières. Aucune urgence ne devrait se faire sentir, car il s'agit d'une relation et d'une discussion à entretenir à long terme.

7. Remise à plus tard : Prenez une décision assez rapidement. Assurez-vous que votre processus d'entrevue demeure raisonnable et non bureaucratique. Si vous acceptez de prendre une mesure, établissez les engagements à court et à long terme pour effectuer un suivi.

Gestion des changements de vie et des absences autorisées

En cette ère où nous accordons de plus en plus d'importance à l'équilibre entre la vie personnelle et le travail, les changements de vie sont reconnus comme déclencheurs de besoins en matière de carrière.

Parfois, un employé demande un congé pour s'occuper d'un membre de la famille ou, encore, part en congé parental. D'autres font face au décès d'un proche ou à d'autres circonstances qui provoquent une interruption de leur travail. Pour les PME, il peut être difficile de faire preuve de souplesse et de répondre aux besoins professionnels des employés pendant leur absence et lorsqu'ils retournent au travail.

Au Canada, 35 % de la main-d'œuvre participe aux soins d'un membre de la famille. [21] Le gouvernement fédéral a dressé la liste suivante de pratiques auxquelles recourent les entreprises de différentes tailles afin de satisfaire les besoins de leurs employés tout en tenant compte des restrictions en matière de productivité, de dotation et de roulement de personnel :

 http://www.edsc.gc.ca/fra/aines/rapports/pcsean.shtml.

Le CERIC a également publié des guides s'adressant aux employeurs et aux employés, qui traitent d'enjeux relatifs à la carrière en cas de congé de maternité ou parental. Bon nombre des suggestions et des recommandations de ces guides s'appliquent aussi aux personnes en congé pour d'autres raisons.

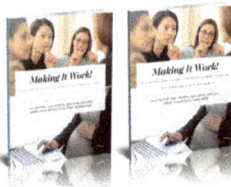

Making It Work! *Making It Work!*

Pour en savoir plus **http://ceric.ca/maternite_employeur** et **http://ceric.ca/maternite** en anglais seulement. ∎

LE SAVIEZ-VOUS?

Dans le cadre d'une étude menée par Flexjobs, 82 % des employés ont déclaré que les options de travail souples augmenteraient leur fidélité envers leur employeur. [22] Il importe d'évaluer votre main-d'œuvre et le déroulement du travail pour déterminer la viabilité des options de travail souples, comme l'horaire flexible, le télétravail et le partage d'emploi.

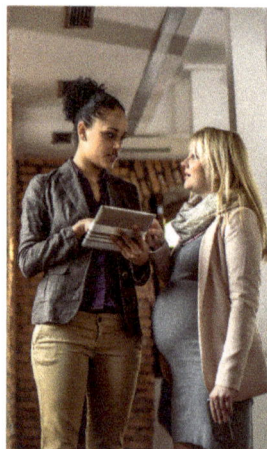

PASSEZ À L'ACTION :

Lorsque vous examinez la documentation recommandée, prenez en considération qu'un tiers de vos employés doit probablement respecter son horaire de travail actuel tout en s'occupant d'un proche. Décidez s'il vaut mieux ajouter des mesures à votre parcours de gestion de carrière afin de déterminer les répercussions sur votre entreprise en particulier, les besoins de vos employés et les possibilités cachées qui pourraient répondre aux besoins de vos employés tout en favorisant la croissance de votre entreprise.

Enjeux relatifs à la carrière dans les PME familiales

Dans les entreprises familiales, il faut prendre en considération une dynamique tout à fait unique lors de la mise en œuvre d'activités de gestion de carrière.

La *Harvard Business Review* définit trois enjeux clés qui touchent les propriétaires d'entreprises familiales : [23]

1. Évitez de signifier à vos enfants qu'il y aura toujours une place pour eux au sein de l'entreprise. Bien que ce message découle d'une intention louable, vous pourriez vous retrouver avec des employés qui perçoivent leur emploi comme une solution « de secours » plutôt qu'une carrière qu'ils ont choisi de développer.

2. Les familles tendent à s'agrandir plus vite que les entreprises. Autrement dit, votre expansion ne concordera peut-être pas avec les besoins en matière de carrière de tous les membres de votre famille.

3. Les employés de la deuxième génération sont portés à assumer un rôle dans le même domaine que leurs parents. Habituellement, les employés qui n'appartiennent pas à la famille et qui aspirent à des postes de direction tendent à acquérir une expérience fonctionnelle et commerciale élargie. Si les employés de la deuxième génération se concentrent sur un seul aspect des activités de l'entreprise, ils risquent de ne pas posséder les compétences nécessaires pour occuper un poste de direction, si tel est ce qu'ils souhaitent.

Il existe aussi des enjeux relatifs à la carrière des employés qui ne font pas partie de la famille. Les entreprises familiales se caractérisent par la passion, les défis et l'engagement. Si la vision de l'entreprise est de rester une entreprise familiale indépendante, les postes de cadres supérieurs, tel que celui de PDG, peuvent ne pas être disponibles.

Pour des renseignements et des ressources supplémentaires sur les entreprises familiales, visitez le site de la Business Families Foundation :

📲 **https:// businessfamilies.org/fr/**.

PASSEZ À L'ACTION :

Reconnaissez que les bonnes pratiques de gestion de carrière constituent une manière plus professionnelle et prévisible d'aider les employés à viser différents postes au sein de l'entreprise et à évoluer en conséquence. Que vos employés fassent partie de la famille ou non, les discussions ouvertes sur la carrière sont de mise, ainsi que la transparence quant aux occasions futures et la capacité du personnel de collaborer avec des gestionnaires qui peuvent harmoniser les besoins des employés aux intérêts fondamentaux de l'entreprise.

LE SAVIEZ-VOUS?

Selon la Family Enterprise XChange : « L'entreprise familiale constitue l'une des formes d'entreprises commerciales les plus anciennes du monde, et environ 80 % de toutes les entreprises à l'échelle mondiale sont gérées par des membres de la famille des propriétaires. Selon les études récentes, les entreprises familiales se révèlent en moyenne plus durables et surpassent leurs concurrents non familiaux, contribuant à plus de 70 %, 80 % ou même 90 % du PIB de la planète. »

Enjeux relatifs à la carrière des nouveaux diplômés

Les nouveaux diplômés qui se joignent à votre équipe ne connaissent parfois pas l'étendue de leurs compétences. Sans cette information, il est facile d'omettre de leur offrir de nouvelles possibilités ou de penser qu'ils ne sont pas prêts pour certaines tâches précises.

De nombreuses ressources se mettent à votre disposition pour vous aider à établir de bonnes relations de travail avec vos plus jeunes recrues. Vous éviterez ainsi que les stéréotypes et les idées préconçues sur les différences générationnelles nuisent à vos interactions d'ici à ce que vous en sachiez davantage sur leur éthique de travail, leurs valeurs et leurs capacités. Pour obtenir des outils et des articles sur l'embauche de nouveaux diplômés, visitez le site ⬚ **http://www.jobboom.com/carriere/conseils-carriere/.** ∎

PASSEZ À L'ACTION :

Pour les nouveaux diplômés que vous interviewez ou embauchez, le Service de placement de l'Université Laval a mis au point un nouvel outil bilingue. Il propose des conseils détaillés aux nouveaux étudiants et diplômés sur la création d'un portfolio : ⬚ **http://www.webfolionational.ca**.

LE SAVIEZ-VOUS?

Une étude de l'Université de la Caroline du Nord révèle que les « employés de la génération Y recherchent les mêmes choses auprès de leur employeur que ceux de la génération X et les bébé-boumeurs : un travail stimulant et intéressant; des possibilités d'apprentissage, de développement et d'avancement; un soutien pour équilibrer avec succès le travail et la vie personnelle; un traitement équitable et une rémunération concurrentielle. Qui plus est, les trois générations s'entendent sur les caractéristiques d'un supérieur idéal : une personne accessible qui montre l'exemple, assume le rôle d'accompagnateur et de mentor, aide les employés à comprendre la contribution de leur poste à l'entreprise, responsabilise les autres et leur propose des défis. » [24]

Enjeux relatifs à la carrière des employés de 50 ans et plus

LE SAVIEZ-VOUS?

Selon l'American Association of Retired Persons, « le remplacement d'un employé expérimenté peut coûter 50 %, voire plus, du salaire annuel de cette personne en raison des coûts associés au roulement du personnel ». [25]

L'âge de la retraite a été fixé dans les années 1930, alors que l'espérance de vie était de 62 ans.

Aujourd'hui, où l'espérance de vie s'approche des 85 ans, il est tout à fait naturel que les employés optent de plus en plus souvent pour la vie active après l'âge traditionnel de la retraite. En outre, nous savons que nombre d'employés s'inquiètent de leur situation financière et doivent continuer de gagner un revenu pendant plus longtemps qu'ils le pensaient. Par conséquent, une nouvelle phase de la carrière se manifeste. Au lieu de passer directement de leur carrière principale à la retraite, les employés vivent désormais une transition intentionnelle entre le travail qu'ils accomplissent dans leur trentaine ou leur quarantaine et une nouvelle situation qui concorde mieux avec leurs qualités, leurs intérêts, leur mode de vie, leurs besoins et la demande du marché. Comme dans le cas des nouveaux diplômés, les stéréotypes, les idées préconçues fondées sur l'âge et le langage teinté d'âgisme prédominent dans la perception des travailleurs « plus âgés ». Nous croyons que, dans la plupart des cas, c'est involontaire. En d'autres mots, nous ne sommes pas encore conditionnés à croire que notre productivité se maintient ou continue de grimper après nos 60 ans. Toujours est-il que le cheminement de carrière est en train de changer et que les employeurs doivent prendre conscience des avantages (augmentation

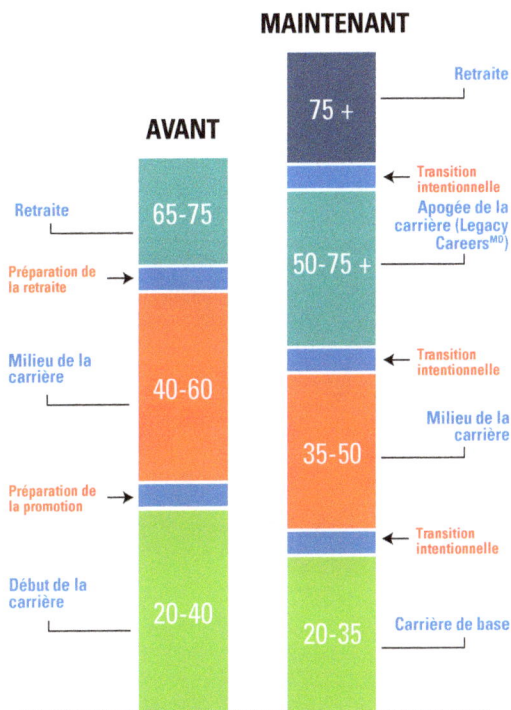

AVANT / **MAINTENANT**

Le cheminement de carrière change

© Challenge Factory Inc 2012

de la productivité et de la fidélisation) et des inconvénients (poursuites judiciaires, mauvaise publicité) qui motivent l'abandon des perspectives dépassées sur le développement de carrière. ∎

LE SAVIEZ-VOUS?

D'après une étude menée par le Center on Aging and Work du Boston College, « les résultats indiquent que les travailleurs plus âgés (55 ans et plus) s'engagent nettement plus que leurs collègues plus jeunes (moins de 55 ans). En fait, l'engagement des employés semble augmenter avec l'âge parmi les cohortes actuelles qui travaillent dans le milieu du commerce de détail soumis à l'étude. » [26]

PASSEZ À L'ACTION :

Réfléchissez aux façons dont votre entreprise tire parti du talent des employés à l'apogée de leur carrière (Legacy CareerMD). Veillez à ce que vos employés plus âgés continuent de participer aux discussions sur la carrière avec vos gestionnaires – et assurez-vous que les gestionnaires comprennent l'importance et la pertinence de ces discussions. Le site américain « This Chair Rocks » et le blogue connexe « Yo, Is this Ageist? » proposent des ressources gratuites et des exemples actuels de l'incidence de l'âgisme sur tout le monde, au quotidien. **https://thischairrocks.com**. Chef de file nord-américain en matière de questions liées au milieu de travail, Challenge Factory aide diverses organisations à tirer parti des changements démographiques et propose une panoplie de cours et de ressources pour vos employés et gestionnaires à l'adresse : **http://www.challengefactory.ca** (en anglais seulement).

Ressources de gestion de carrière pour les propriétaires

Un grand nombre des ressources qui suivent ont été citées dans le présent guide. Elles sont ici organisées par sujet pour faciliter la référence selon les différentes étapes de la vie professionnelle de vos employés.

Des listes de ressources mises à jour ainsi que des formations et des documents supplémentaires relatifs à ce guide sont également disponibles à l'adresse : http://www. challengefactory. ca/sme

Recruter et faire passer des entrevues

Outils et articles sur l'embauche de nouveaux diplômés : http://www. jobboom.com/carriere/ conseils-carriere

Outil interactif bilingue mis au point par le Service de placement de l'Université Laval pour assister les nouveaux étudiants et diplômés dans la création d'un portfolio pour les recruteurs : http:// www.webfolionational.ca

Un plan de recrutement en 6 étapes pour obtenir des résultats optimaux :

http://www.portailrh. org/expert/ficheSA. aspx?f=79076

Stratégies pour recruter et sélectionner des diplômés universitaires : http:// www.spla.ulaval.ca/ employeurs/services

Développer votre culture d'entreprise

Baladodiffusions qui couvrent une grande variété de sujets liés aux ressources humaines de la perspective d'une petite entreprise (seulement en anglais) : https:// itunes.apple.com/ us/podcast/human-resources-for-small/ id533673516?mt=2.

8 conseils pour améliorer la motivation de vos employés : http://www. formationgestionnaire. com/huit-trucs-pour-motiver-vos-employes-en-quinze-jours

Outils et évaluations en ligne à proposer à vos employés pour définir leurs motivations : http:// ow.ly/W8Tg100uPxM

Tests d'évaluation d'intérêts et de personnalité (services tarifés) : http://www. psymetrik.com

Livre qui conseille sur le bien-être au travail et les attitudes gagnantes pour motiver et encourager son équipe : http://www. septembre.com/livres/ travail-roule-1607.html

Baladodiffusions de témoignages de différents parcours de carrière (en anglais seulement) : http:// www.bestpartofmyjob. com/podcast

Article sur la part de responsabilité de l'employeur dans l'émergence ou le maintien de la motivation de ses employés :

http://www.jobboom.

com/carriere/a-t-on-vraiment-le-pouvoir-de-motiver-nos-employes

Conseils sur la reconnaissance au quotidien dans les PME : http://www.portailrh.org/expert/ficheSA.aspx?f=78315

De meilleures conversations de carrière

Guide des conversations sur la carrière pour vous et vos employés : http://www.crwg-gdrc.ca/crwg/index.php/ressources/conversations-sur-la-carriere?lang=fr

5 étapes pour mener une discussion constructive avec vos employés (en anglais seulement) : http://www.fastcompany.com/919177/dont-run-career-conversations

Plateforme virtuelle de formation avec des cours pour les employés, les managers et les leaders. Le cours 105, « Better Career Conversations for People Managers » est

particulièrement pertinent (en anglais seulement) : http://ow.ly/hh2B100uNXj

Conseils sur la manière de mettre en place des discussions de carrière au sein de votre organisation : http://www.rightmanagement.fr/wps/wcm/connect/right-fr-fr/microsites/discussions-de-carriere

Ressources additionnelles en communications internes ou avec les employés : http://ow.ly/nQB9100uGKe

Retenir le talent

Article axé sur l'attraction et la rétention des employés dans les petites entreprises :

http://www.portailrh.org/effectif/fichedemo.aspx?f=19453

3 conseils pour mobiliser vos employés : http://www.generationinc.com/management/relations-avec-les-clients-management/3-conseils-mobiliser-employes-

ameliorer-experience-client

Mobiliser les ressources humaines autour des enjeux financiers d'une entreprise : http://www.affairesrh.ca/gestionnaires/solutions-gestion/capsule.aspx?p=461592

Formation et développement des compétences

5 raisons de suivre de la formation continue au travail :

http://www.jobboom.com/carriere/5-raisons-de-suivre-de-formation-continue-travail/

Plateforme de cours en ligne (en anglais seulement) : http://ow.ly/hh2B100uNXj

Formation continue de l'Université Laval : http://www.dgfc.ulaval.ca

Exemple de formulaire d'évaluation sous forme de questionnaire : http://www.solutionsrh.net/grh/doc/outil_10.pdf

Former les leaders

Article axé sur la définition des compétences : http://www.affairesrh.ca/impression/default.aspx?f=105814

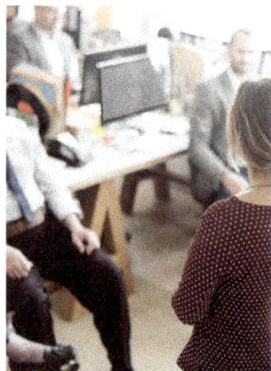

Promouvoir à l'interne

Test en ligne gratuit axé sur les motivations en matière de carrière (en anglais seulement) : http://testyourself.psychtests.com/testid/3153

Conseils sur les méthodes pour favoriser la rétention de ses employés :

http://www.jobboom.com/carriere/investir-dans-la-gestion-de-carriere-des-employes-un-pari-risque

Conseils sur la gestion de carrière pour les PME : http://ow.ly/qCZG100uO4s

Liste d'articles axés sur la gestion des ressources humaines en PME :

http://www.portailrh.org/ReperesRH/fiche.aspx?f=102138

Article sur le développement du leadership : http://www.portailrh.org/votre_emploi/fiche_lapresse.aspx?p=568292

Entreprises familiales

Renseignements et ressources sur les entreprises familiales : https://businessfamilies.org/fr

Succession au sein d'une entreprise familiale : http://www.jobboom.com/carriere/l-entreprise-une-affaire-de-famille

Environnement de travail intergénérationnel

Organisation de recherche et de conseil axée sur l'avenir du travail et les thèmes intergénérationnels (en anglais seulement) : www.challengefactory.ca

Inventaire des pratiques flexibles en milieu de travail menées par les employeurs qui soutiennent les aidants naturels : http://www.edsc.gc.ca/fra/aines/rapports/pcsean.shtml

Activisme anti-âgisme et ressources (en anglais seulement) : https://thischairrocks.com

Article sur la rétention des employés de petites entreprises et l'impact des valeurs intergénérationnelles : http://www.portailrh.org/effectif/fichedemo.aspx?f=19453

Cinq éléments sur lesquels miser pour répondre aux attentes et aux ambitions des jeunes travailleurs à l'égard du marché de l'emploi : http://www.jobboom.com/carriere/5-priorites-des-generations-y-et-z-a-l-egard-de-l-emploi

Article sur les méthodes pour surmonter les défis de la gestion intergénérationnelle : http://www.portailrh.org/votre_emploi/fiche_lesoleil.aspx?f=32683

Études et résultats en développement de carrière dans les petites entreprises

Bulletin d'information du CERIC qui propose toutes les deux semaines du contenu sur le développement de carrière : **http://orientaction.ca/oaenbref**

Ouvrage publié par le CERIC sur les thèmes liés au développement de carrière (en anglais seulement), *Career Development Practice in Canada: Perspectives, Principles, and Professionalism* : **http://ceric.ca/fr/resource/le-developpement-de-carriere-au-canada-perspectives-principes-et-professionnalisme**

Rapport de recherche et recommandations aux PME : **https://www.bdc.ca/fr/Documents/analyses_recherche/defis-strategies-gagnantes.pdf**

Orientation professionnelle et développement de carrière

Un outil en ligne gratuit pour tous les étudiants de la province de Québec : **https://reperes.qc.ca/asp/reperes.aspx**

Service de placement de l'Université Laval : **www.spla.ulaval.ca**

Ressources et outils en ligne axés sur le développement de carrière : **www.monemploi.com**

Gestion des ressources humaines

Principaux défis en gestion des ressources humaines et en relations du travail : **http://www.portailrh.org/expertise/fiche_reference.aspx?f=26722**

La valeur ajoutée des profils d'emploi dans une PME : **http://www.portailrh.org/expert/ficheSA.aspx?p=454260**

Section 6 :
Merci à nos
champions des
connaissances

Champions des connaissances

Nous souhaitons remercier tout particulièrement nos champions des connaissances en matière de développement de carrière, qui nous ont aidés à la réalisation de ce guide.

THE CANADIAN CHAMBER OF COMMERCE   LA CHAMBRE DE COMMERCE DU CANADA

Chambre de commerce du Canada

Depuis 1925, la Chambre de commerce du Canada regroupe des entreprises de toutes tailles, représentant tous les secteurs de l'économie et chaque circonscription fédérale du pays. Avec un réseau de plus de 450 chambres de commerce représentant 200 000 entreprises de toutes tailles, nous sommes l'association de gens d'affaires la plus importante au Canada. Nous favorisons la concurrence en affaires et un milieu économique solide qui profite à tous les Canadiens. **http://www.chamber.ca/fr**

ceric
CANADIAN EDUCATION AND RESEARCH INSTITUTE FOR COUNSELLING
INSTITUT CANADIEN D'ÉDUCATION ET DE RECHERCHE EN ORIENTATION

Institut canadien d'éducation et de recherche en orientation (CERIC)

Le CERIC (Institut canadien d'éducation et de recherche en orientation) est un organisme caritatif voué à la progression de l'éducation et de la recherche en matière d'orientation professionnelle et de développement de carrière, visant à améliorer le bien-être socio-économique des Canadiens. Il finance des projets, organise le congrès Cannexus, publie la Revue canadienne de développement de carrière et gère les communautés en ligne ContactPoint et OrientAction **http://www.ceric.ca/fr**

UNIVERSITÉ LAVAL

Université Laval

L'Université Laval, par l'entremise de son Service de placement et de la Formation continue, est fière de participer à la réalisation de cet outil pratique destiné aux PME. Forte d'une expertise reconnue, l'institution offre un continuum de services qui contribuent concrètement au développement des compétences et à la croissance des entreprises canadiennes. **http://www.ulaval.ca**

Ryerson University   The Chang School of Continuing Education

La G. Raymond Chang School of Continuing Education, Université Ryerson

Pour acquérir des compétences en gestion d'entreprise et apprendre à assurer l'expansion de votre entreprise dans un marché diversifié, inscrivez-vous à la G. Raymond Chang School of Continuing Education de l'Université Ryerson. Chef de file de l'apprentissage pratique et appliqué, la Chang School offre plus de 1 500 cours et 80 certificats qui peuvent propulser votre carrière dès aujourd'hui. **http://www.ryerson.ca/ce**

Remerciements spéciaux

TD

Contribution à la collectivité de la TD

La TD investit dans les collectivités afin de changer le cours des choses là où elle exerce ses activités et là où ses clients et employés vivent et travaillent. En 2015, la TD a versé plus de 92,5 millions de dollars pour venir en aide à des organismes communautaires au Canada, aux États-Unis et au Royaume-Uni. Au Canada, ses priorités sont l'éducation et l'initiation aux finances, la création d'occasions pour les jeunes, ainsi que l'environnement. Pour en savoir davantage, visitez le site **http://www.td.com/francais/responsabilites-de-lentreprise/**

le centre cfo

Le Centre CFO

Le Centre CFO est l'un des principaux bassins mondiaux de directeurs financiers à temps partiel pour les petites et les moyennes entreprises. Ce concept permet aux entreprises de plus petite taille de bénéficier de l'expertise de directeurs financiers très expérimentés, sans pour autant avoir à encourir les frais associés à l'embauche d'une personne à temps plein. Les entreprises bénéficient ainsi tout simplement de conseils proactifs, d'une vision perspicace et d'un soutien pratique quand elles en ont besoin. **http://lecentrecfo.ca/**

Le CERIC bénéficie fièrement du soutien de la Counselling Foundation of Canada.

The Counselling Foundation of Canada

Notes et références

1. Statistique Canada, Registre des entreprises, décembre 2015.

2. Innovation, Sciences et Développement économique Canada, Principales statistiques relatives aux petites entreprises, juin 2016. ↗ **https://www.ic.gc.ca/eic/site/061.nsf/fra/03022.html**

3. 2016 Human Capital Benchmarking Report. Society for Human Resource Management, November 2016.

4. SMEs and Growth: Challenges and Winning Strategies, October 2015. ↗ **https://www.bdc.ca/en/Documents/analysis_research/challenges-winning-strategies.pdf**

5. 2015 Employee Engagement Benchmark Study, Tempkin Group. ↗ **http://www.e-junkie.com/TemkinGroup/product/503553.php**

6. Saba Fall Employee Engagement Study, 2015. ↗ **https://www.saba.com/media/1040294/saba_employee-engagement_survey.pdf**

7. The Great Divide Workforce Study, Beyond.com. ↗ **http://about.beyond.com/infographics/Bucking-The-Stereotype-Millennials**

8. Right Management. Manpower Group. ↗ **http://www.right.com/wps/wcm/connect/right-us-en/home/thoughtwire/categories/media-center/Two-Thirds-of-Managers-Need-Guidance-on-How-to-Coach-and-Develop-Careers**

9. Glossary of Career Development, ContactPoint, CERIC. ↗ **http://contactpoint.ca/wiki/glossary-career-development/**

10. Toutes les citations « Parole d'employeur » proviennent soit d'entrevues avec des sources primaires menées par Challenge Factory Inc. en 2016, soit de consultations de la Chambre de commerce du Canada en 2013. ↗ **http://www.chamber.ca/media/news-releases/130220-canadian-chamber-offers-roadmap-to-close-small-business-skills-gap/**

11. Markman, Art. "Why Career Development and Advancement Aren't the Same Thing," Fast Company, November 25, 2014. ↗ **https://www.fastcompany.com/3038968/why-career-development-and-advancement-arent-the-same-thing**

12. "Managing employee risk requires a culture of compliance," Gallup Business Journal, March 2016. ↗ **http://www.gallup.com/businessjournal/190352/managing-employee-risk-requires-culture-compliance.aspx**

13. Cornerstone Employee Engagement Survey (données américaines). ↗ **https://www.cornerstoneondemand.com/news/press-releases/research-reveals-driving-force-behind-american-employees-and-their-career**

14. "One in Three Employees claim to have a job rather than a career," Mercer 2015. ↗ **http://www.mercer.com/newsroom/one-in-three-employees-claim-to-have-a-job-rather-than-a-career-new-mercer-survey-finds.html**

15. SMEs and Growth: Challenges and Winning Strategies, October 2015. ↗ **https://www.bdc.ca/en/Documents/analysis_research/challenges-winning-strategies.pdf**

16. Berkley Human Resources, Concepts and Definitions. ↗ **http://hr.berkeley.edu/hr-network/central-guide-managing-hr/managing-hr/managing-successfully/performance-management/concepts**

17. Chapter 16: Lifelong Career Management in Career Development Practice in Canada: Perspectives, Principles, and Professionalism, January 2, 2014. CERIC. ⬈ **http://ceric.ca/fr/resource/le-developpement-de-carriere-au-canada-perspectives-principes-et-professionnalisme**

18. Career Development in SMEs: Needs Analysis, Canadian Research Working Group on Evidence-Based Practice, Report 2, p, 62.

19. Adkins, Amy. "Only 35% of U.S. Managers Are Engaged in Their Jobs," Gallup Business Journal, April 2, 2015. ⬈ **http://www.gallup.com/businessjournal/182228/managers-engaged-jobs.aspx**

20. Cornerstone Career Trends Report. Kelton Global. September 2015. ⬈ **http://ww.cornerstoneondemand.com/sites/default/files/whitepaper/csod-wp-career-trends-report.pdf**

21. Gouvernement du Canada. « Emploi et développement social Canada, Quand il faut jongler entre travail et soins : comment les employeurs peuvent soutenir les aidants naturels au sein de leur personnel », Rapport du groupe d'employeurs sur la question des aidants naturels, 2015. ⬈ **http://www.edsc.gc.ca/fra/aines/rapports/pcsean.shtml**

22. FlexJobs 4th Annual Super Survey, August 2015. ⬈ **https://www.flexjobs.com/blog/post/survey-76-avoid-the-office-important-tasks/**

23. Stalk, George et Foley, Henry. "Avoid the Traps that Can Destroy Family Business," Harvard Business Review, January-February 2012. ⬈ **https://hbr.org/2012/01/avoid-the-traps-that-can-destroy-family-businesses**

24. Valcour, Monique. "Hitting the Intergenerational Sweet Spot," Harvard Business Review, May 27, 2013. ⬈ **https://hbr.org/2013/05/hitting-the-intergenerational**

25. American Association of Retired Persons (AARP), "What are the Costs of Employee Turnover?" ⬈ **http://www.aarp.org/work/employers/info-06-2013/costs-of-employee-turnover.html**

26. James, Jacquelyn B., Ph.D., Swanberg, Jennifer E., Ph.D., et McKechnie, Sharon P., Ph.D. Responsive Workplaces for Older Workers: Job Quality, Engagement and Workplace Flexibility. ⬈ **http://www.bc.edu/content/dam/files/research_sites/agingandwork/pdf/publications/IB11_ResponsiveWorkplace.pdf**

www.ingramcontent.com/pod-product-compliance
Lightning Source LLC
Chambersburg PA
CBHW040909210326
41597CB00029B/5022